区域金融创新与经济高质量发展研究

刘元洪　王雨婷◎著

RESEARCH ON FINANCIAL INNOVATION AND HIGH-QUALITY ECONOMIC DEVELOPMENT IN CHINESE REGIONS

经济管理出版社
ECONOMY & MANAGEMENT PUBLISHING HOUSE

图书在版编目（CIP）数据

区域金融创新与经济高质量发展研究/刘元洪，王雨婷著. —北京：经济管理出版社，2020.10
ISBN 978-7-5096-7569-4

Ⅰ.①区… Ⅱ.①刘… ②王… Ⅲ.①区域金融—金融创新—研究—中国
Ⅳ.①F832 ②F127

中国版本图书馆 CIP 数据核字（2020）第 169979 号

组稿编辑：丁慧敏
责任编辑：丁慧敏
责任印制：黄章平
责任校对：陈　颖

出版发行：经济管理出版社
（北京市海淀区北蜂窝 8 号中雅大厦 A 座 11 层　100038）
网　　址：www. E-mp. com. cn
电　　话：（010）51915602
印　　刷：唐山昊达印刷有限公司
经　　销：新华书店
开　　本：720mm×1000mm /16
印　　张：10. 5
字　　数：183 千字
版　　次：2020 年 11 月第 1 版　　2020 年 11 月第 1 次印刷
书　　号：ISBN 978-7-5096-7569-4
定　　价：59. 00 元

FOREWORD　前言

改革开放以来，我国经济取得了举世瞩目的伟大成就，从 2010 年起已经连续 10 年位居世界第二大经济体。但是，依赖要素和投资驱动的高速增长已无法继续维系，我国经济已由高速增长阶段转向高质量发展阶段，正处在转变发展方式、优化经济结构、转换增长动力的攻关期。在过去高速增长的阶段，主要通过超发货币、推升杠杆率的方式刺激经济高速增长，但新时代高质量发展的要求意味着要更注意盘活存量资金来提高使用效率，这将促使金融系统进行金融创新。因此，研究金融创新与经济高质量发展的协同问题就很有必要。

本书探究金融创新和经济高质量发展的理论内涵，构建系统的评价指标体系，基于 2007~2017 年金融创新和经济高质量发展的相关数据，对全国 30 个省市区金融创新和经济高质量发展水平进行实证测度和分析，探求其金融创新和经济高质量发展的协同状态和存在的问题，为我国区域金融创新和经济高质量发展的未来高效协同提供政策建议，希望本书在这方面能够做出一点贡献。

全书共分为七章。各章具体内容如下：

第一章是导言，介绍了本书的研究背景、研究意义、研究思路、研究内容和研究方法，梳理国内外已有研究的进展情况。

第二章是金融创新及其评价指标体系，对金融创新的概念进行了界定，对金融创新的相关理论进行总结，分析金融创新的类型，构建金融创新评价指标体系。

第三章是区域金融创新测度与差异分析，应用金融创新评价指标体系，对金融创新水平和各子系统水平进行测度，分析金融创新和各子系统的时间演化趋势和空间分布格局；并基于探索性空间数据模型和 Moran’s I 指数分析金融创新的空间自相关性和分布演化情况，探究其空间关联性和空间收敛性。

第四章是经济高质量发展及其评价指标体系，对经济高质量发展的相关概念进行界定，对经济高质量发展的相关理论进行总结，分析经济高质量发展的基本特征，构建经济高质量发展评价指标体系。

第五章是区域经济高质量发展测度与差异分析，应用经济高质量发展评价指标体系，对经济高质量发展水平和各子系统水平进行测度，分析经济高质量发展和各子系统的时间演化趋势和空间分布格局；并基于探索性空间数据模型和 Moran's I 指数分析金融创新的空间自相关性和分布演化情况，探究其空间关联性和空间收敛性。

第六章是区域金融创新与经济高质量发展协同分析，探究区域金融创新与经济高质量发展的协同机理，并对两个系统耦合度与耦合协同度进行测度与分析，明确区域金融创新和经济高质量发展协同中存在的主要问题，提出促进区域金融创新和经济高质量发展协同的政策建议。

第七章是主要结论、局限性与研究展望，总结了本书的主要研究结论，并指出研究的局限性和未来研究的方向。

衷心感谢经济管理出版社编辑丁慧敏为本书的出版付出了辛勤的劳动。

由于作者水平有限，书中难免有不足之处，望读者批评指正。

作　者

CONTENTS　目录

01 第一章

导 言

第一节 研究背景及研究意义

一、研究背景

改革开放40余年来，我国经济社会进入了全面转型变革的新时期，实现了经济的飞速发展，创造了世界经济发展的奇迹。在社会经济的重大转型进程中，我国一方面取得了举世瞩目的伟大成就，GDP由1978年的3678.7亿元增加至2019年的990865亿元，经济年均实际增长率高达9.5%，远超同期世界经济2.9%左右的年均增速，正如Kerola（2019）提到的，中国的实际GDP增长保持了惊人的速度与稳定，对世界经济有着重大影响力。但是，中国经济增长奇迹所依赖的以要素和投资驱动的“耗散”型增长方式已无法继续维系，尤其近年来，中国经济增长乏力，增长动力的转换以及重塑成为我国经济发展最为紧迫的任务（张雨，2016）。习近平总书记（2017）在党的十九大报告中明确指出：

我国经济已由高速增长阶段转向高质量发展阶段，正处在转变发展方式、优化经济结构、转换增长动力的攻关期。这正式标志着高质量发展成为未来一段时期我国经济发展的前进方向，也意味着要转变发展方式，再也不能像过去那样依赖资源投入来发展经济，而是要依赖创新来推动经济发展。

科技创新和金融创新是创新的主要内容。学术界对科技创新与经济发展关系的研究文献可谓汗牛充栋，对金融创新与经济发展关系的研究文献相对较少，而对金融创新与经济高质量发展关系的研究文献就更少，这是作者撰写本书的主要原因之一。当代科技创新日益复杂，有赖于大量的资金投入，科技创新对金融的依赖程度很高。金融创新是科技创新的重要支撑，唯有金融创新能力得到提升，科技创新活动才能获得所需的资金，促使科技创新成果商业化，最终带动经济高质量发展。因此，科技创新在一定程度上取决于金融创新，金融创新才是经济发展的第一动力，高质量发展更需要金融创新，这是作者撰写本书的主要原因之二。此外，我国经济在过去飞速发展的同时，也造成了区域经济发展不平衡的问题。针对这种发展不平衡的具体原因，学术界产生了激烈的争论，但必然离不开金融因素的影响。邓小平（1994）曾说："金融很重要，金融是现代经济的核心，金融搞好了，一着棋活，全盘皆活。"可见，金融对区域经济发展影响重大，区域金融创新与区域经济高质量发展的协同关系是值得探究的，这是作者撰写本书的主要原因之三。

总之，随着经济发展步入"新常态"，我国经济增长的驱动力将由过去的要素驱动、投资驱动转变为创新驱动，深入贯彻实施创新驱动发展战略，强化以金融创新为核心的全面创新，依靠金融创新的强大驱动力，可以推动以金融创新为主要引领与支撑的经济发展体系、发展模式的形成，推动区域经济高质量发展。另外，经济高质量发展需要新发展理念，为金融创新指明方向，激发金融创新需求；经济高质量发展驱使制度创新，能积累资金和技术，为金融创新提供支撑。因此，金融创新与区域经济高质量发展的协同问题，成为现代经济管理研究的一个重要课题。

二、研究意义

在经济发展新常态的大背景下，在创新驱动发展总体宏观战略指导下，研究金融创新与区域经济高质量发展协同的相关问题，可以提高金融创新能力，推动区域经济高质量发展。因此，探究区域金融创新与经济高质量发展的协同关系，具有重要的理论价值及现实意义。

（一）理论价值

从理论发展的角度来看，目前，理论界有关金融创新与经济发展协同的研究相对较丰富，但对金融创新与经济高质量发展协同的研究还不够深入，特别是对区域金融创新与经济高质量发展协同的研究还很少。由此，本书研究区域金融创新与经济高质量发展的协同问题，既是加深对区域金融创新与经济高质量发展关系的理解与认识，同时也是对区域金融创新理论与经济高质量发展理论的不断拓展与完善，增强经济理论对经济事实的解释力。

（二）现实意义

从现实的角度来看，本书主要以区域金融创新与经济高质量发展协同问题为研究对象，研究结论将直接服务于我国现代化经济体系建设，在为我国区域经济高质量发展提供理论基础与指导的同时，也将有助于我国加快实施创新驱动发展战略，加快转变经济发展方式，对促进区域间的协调发展具有较为重要的应用价值。

第二节 文献综述

金融创新与经济发展的协同并非近代才有的新现象，人类发展历史中金融创新影响经济发展的脚步从未停止。早在原始社会末期，实物货币的出现就是金融创新的萌芽，货币的出现极大地促进了人类社会的经济发展。反过来，经济发展也影响着金融创新，只有当人们劳动成果有剩余且出现商品交换需要时，货币才有可能出现；原始社会早期，经济发展水平低下，没有产品剩余，是不可能出现货币的。那么，金融创新与经济发展的关系如何？两者是如何协同的？当下，我国经济已由高速增长阶段转向高质量发展阶段，金融创新与经济高质量发展的协同问题成为研究的新课题。本节就国内外金融创新与经济高质量发展的相关研究情况进行梳理，为本书的后续研究提供文献支撑。

一、关于金融创新的研究

人们对金融创新的研究是近代才开始的。熊彼特（1912）最先开展了金融创新的研究，他指出银行信贷在技术创新中有重要作用，具有创新意识的银行通过识别技术创新中成功的企业，向其提供融资服务从而促进技术创新。熊彼特的研究具有开创性的意义。此后，国内外学者对金融创新的研究逐渐增多。

金融创新（Financial Innovation）作为一个专门词汇是由 Gurley 和 Shaw（1960）首先提出来的，他们将证券合同的发明、发行证券机构的引入以及家庭与公司购买证券的部分习惯，均称为金融创新。

20 世纪 80 年代中期，国内学者开始对金融创新进行研究。周林、何旗（1985）是国内最早对金融创新进行研究的学者，他们于 1985 年 12 月在《金融研究》上发表文章，向国内读者介绍西方国家的金融创新。他们认为，西方国家的金融创新系泛指 20 世纪 70 年代以来西方国家特别是美国国内金融体系中和金融市场上出现的一系列新鲜事物，有人称之为放松管制，有人称之为金融改革，但普遍认为是一种“震动”，因而又有人称之为“金融革命”。张育军、李金柱（1988）是最早对我国金融创新进行研究的学者，他们认为，社会主义初级阶段金融发展过程就是金融创新不断深化的过程，金融业的发展是金融不断创新的结果，金融创新是一个渐进的过程。

从金融创新的过程来看，金融创新可以分为产生和扩散两个阶段。综观国内外金融创新领域的研究成果，主要分为金融创新产生和金融创新扩散两大类。20 世纪 90 年代以前侧重对金融创新产生的研究，之后对金融创新扩散的研究则相对较多。

（一）金融创新的产生

金融创新的产生主要探讨金融创新产生的原因。学者们主要从政治、经济、科技等因素方面来探讨金融创新产生的原因。

金融相关的准入政策和税收政策是金融创新产生的主要政治与法律因素。立法放松金融管制和降低税收给金融创新产生提供了强大的驱动力。Kane（1981）提出了规避管制型金融理论，将监管机构实施的监管政策视作一种隐性税收，受到严格监管的金融机构会采取创新措施，以期逃避政策的约束，摆脱监管带来的负担。甚至未受监管的金融机构也会密切关注受监管金融机构的创新动向，并采用这些创新以捕获利润机会。Miller（1986）认为金融创新成功的主要动力来自规避金融管制和降低税收；未来的前景是金融创新速度放缓，但仍有很大的增长和改善的前景。Finnerty（1988）通过对20世纪60年代后期至80年代后期的100多种金融创新进行分析后认定，有43种与监管或税收有关。此后，有多位学者认为金融监管的放松是金融创新的动力（Baghestani，1990；Instefjord，1998；Gerardi，Rosen和Willen，2010）。Chava（2013）等研究发现：国内的银行放松管制，增加了当地银行的市场力量，降低了年轻私营企业的创新水平和风险。相比之下，国际间的银行监管化削弱了当地银行的市场力量，增加了年轻私营企业创新的水平和风险。Funk和Hirschman（2014）发现，放松对模糊事项的监管有利于金融创新。新近对金融创新产生的政治与法律原因研究又有了新的进展。Hazan、Weiss和Zoabi（2019）认为妇女解放是金融创新产生的原因，英美法系国家在19世纪50年代开始赋予已婚妇女权利，这是人类历史上对财产权最伟大的延伸之一。在妇女解放之前，妻子从属丈夫的法律原则强烈地鼓励丈夫持有不动产，而不是货币、股票或债券等金融资产。他们利用妻子从属丈夫的法律在美国各州交错消亡的情形进行研究发现，妇女获得财产权导致了家庭投资组合转变，对信贷供给产生了正向影响，以及带动劳动力向非农业和资本密集型产业转移，进而深化了金融市场、助推了工业化。

金融创新产生的经济因素有货币供给、利率、通货膨胀等宏观经济因素，也有金融服务需求、供给、交易成本等微观经济因素。早期少数学者们认为金融创新与货币总量无关联（Porter，Simpson和Mauskopf，1979），逐渐有更多学者认为货币总量需求扩张是金融创新产生的原因。Mayer（1982）研究发现，在金融创新发生的时期，对货币的衡量和需求更加混乱但可能增加货币数量。Freedman（1983）通过考察加拿大央行发行的货币总量，发现人们需要的货币日益增多，并做出了加拿大的金融创新是货币促成的论断，而不是像美国那样是与放松管制有关的金融创新。Pierce（1984）考察了金融创新与通货膨胀、货币总量的关系，认为金融创新容易导致通货膨胀。Allen和Gale（1991）得出了与Pierce（1984）不同的结论，认为金融创新的出现是为了抵御利率风险和通货膨胀风险。Degregorio（1991）提出了货币降低交易成本的模型，在模型中通胀成本的下降相当于金融创新，可能是由于支付存款利息、指数化货币或"美元化"，提高了低通胀经济体的福利水平，但是因为高通胀对财政预算的间接抵消作用，降低了高通胀经济体的福利水平。此后，有众多学者认为货币供给、利率、通货膨胀等宏观经济因素变化与金融创新有关（Ford，Peng 和 Mullineux，1992；Alderson 和 Fraser，1993；Arrau 和 Degregorio，1993；Spencer，1998；Pradhan 和 Subramanian，2003；Nagayasu，2012；Clarke 和 Tooker，2018）。

金融服务需求者的新需要对金融机构产生拉伸作用，为更好地满足金融服务需求侧需要而产生金融创新。这类金融创新的驱动力产生于最终的金融服务需求者的新需要，金融创新是受需求驱动的。因些，可将基于金融服务需求侧的金融创新，简称为“拉式”金融创新。Greenbaum 和 Haywood（1971）从金融创新的需求面入手，用收入效应对金融创新的发生进行了解释，金融资产的需求取决于收入或财富水平，随着经济的增长和人均收入的增加，不仅对现有金融资产的需求增多，对新金融资产的需求也会上升，从而促进金融创新。Ross（1989）认为需求者的偏好导致了对新的金融工具和创新的需求，金融市场上的信息不对称需要一套复杂的隐性和显性合同关系来监控和控制，金融创新可以解决其中的道德风险和逆向选择问题。基于金融服务需求侧的金融创新需要具备的主要条件是，必须有快速的信息传递机制，能够及时捕获顾客的新需求信息并将其传递给金融创新决策者。由于顾客需求的不确定性和多变性，基于金融服务需求侧的金融创新并非易事。

金融服务部门以提高效率、降低单位金融服务成本从而获利为驱动源进行金融创新，也就是基于金融服务供给侧改革而出现金融创新。这类金融创新是金融服务部门推向用户的，用户处于被动接受地位。因此，可将基于金融服务供给侧的金融创新，简称为“推式”金融创新。Ben-Horim 和 Silber（1977）认为，不断上涨的影子价格意味着通过改变银行面临的约束即金融创新，可以利用更多的盈利机会。在此基础上，Silber（1983）进一步提出了约束诱导的金融创新模型，以理解为什么金融创新会出现。金融创新提高了经济福利和风险承受能力，降低了交易成本，规避了过时的监管。约束诱导金融创新模型的设计目的是基于金融服务供给侧解释金融创新的过程，并用于识别构成新金融产品和实践基础的变量。约束诱导的金融创新模型充分解释了 1952~1970 年观察期的银行新产品和 1970~1982 年 60%的金融创新。Niehans（1983）把交易成本、货币需求与金融创新联系起来，分析了金融创新的显著特征，交易成本的高低决定了金融创新的可行性。Van Horne（1985）认为，金融创新是对利润机会的反应，而利润机会又源于金融中介的低效率和/或金融市场的不完整，金融中介的低效率和/或金融市场的不完整就会有较高的交易成本；这一成本由最终资金提供者获得的收益与最终借款者支付的收益之间的差额以及给一方或双方带来的不便表示；一个创意要想成为可行的金融创新，就必须在运营上更有效率和/或使金融市场更完整；因此，金融创新是源自降低交易成本的需要。Bodurtha 和 Courtadon（1986）以费城证券交易所外汇期权市场新建立的期权交易数据库为基础，研究了金融创新和交易成本的关系后发现，在无交易成本的情况下，会发现大量金融创新，当考虑到实际交易成本时，金融创新就会减少。此后，又有多位学者强调了交易成本对金融创新的重要性（Guidotti，1993；Hoelle，2012；Muthinja 和 Chipeta，2018）。

金融创新产生的技术因素主要有对技术的重视、新技术的发明与采纳、技术传播速度等。Kavesh 、Garbade 和 Silber（1978）认为技术降低交易成本，提高金融市场的绩效。Kane（1981，1984）技术与监管一样，也是金融创新产生的主要因素，且技术与监管日益整合。Kim 和 Maksimovic（1990）认为新技术的应用会降低代理成本，推动金融创新。Zhang（1997）以近几十年来信息技术促进金融创新的过程为背景，研究了信息技术促进金融创新的条件、直接作用和间接作用及相关的宏观运行机制。Thakor（1999）认为信息技术与金融业务相互作用，推动金融创新。Berger 和 Mester（2003）研究了技术变革、放松管制和竞争中的动态变化对美国银行绩效的影响，发现银行似乎提供了基于技术变革的额外的或更高质量的服务，这些服务提高了成本，但也增加了比成本更多的收入，技术变革推动金融创新，提高了银行绩效。Fusaro（2009）收集四种技术采用理论：等级、股票、秩序和流行效应，对这四种效应的检验发现等级和流行效应成立，而股票和秩序效应则不成立，并称技术为一种反弹保护的金融创新，技术采用优于不采用。Min 和 Fei（2009）对各国手机银行业务发展经验的研究和比较，表明随着通信技术的发展及其支持，手机银行作为电子货币与移动通信的结合，已经成为引领金融发展的一个范例。本书从技术、金融等角度分析了手机银行的制约因素，并提出了一些克服困难的建议，预测移动银行将成为消费者可携带的金融工具。Fujiki 和 Anaka（2014）在工具分位数回归框架下，利用日本家庭调查数据估计了电子货币采用条件下的货币需求函数，但与理论预测相反，电子货币用户比非电子货币用户持有更多的货币。Kauffman、Liu 和 Ma（2015）认为，过去 40 年，基于技术的金融创新导致了金融市场的变革，提出了一种生态系统分析方法，纳入利益相关者行动的同时考虑技术变革的供给侧和需求侧力量；分析结果表明，供给侧和需求侧的力量影响了高频交易（HFT）技术创新，并促成了基于技术的金融创新。Betz（2016）研究如何管理金融商业领域的技术，特别是金融创新的技术安全标准。Zavolokina L.、Dolata M. 和 Schwabe（2016）认为，金融业受到数字化的强烈影响，“金融科技”的出现就反映了这一点；“金融科技”代表了“金融”和“信息技术”的结合，金融科技为创造新的服务和商业模式提供了机会，并对传统的金融服务提供商提出了挑战；并揭示了英国和德国大众媒体感知的金融科技现象的驱动因素，包括在金融科技背景下讨论的主题。Wonglimpiyarat（2017）基于金融技术创新的系统性创新本质建立了系统创新模型，以基于技术的金融创新为案例研究样本，在系统创新模型的分析框架下分析了银行业基于金融技术创新的系统特征，分析表明创新过程的系统性特征是创新复杂性与创新主体管理创新能力相互作用的结果。Jaziri 和 Miralam（2019）认为计算机众筹是一种金融创新技术，试图阐明影响突尼斯企业家将众筹平台作为主要融资工具的意愿关键因素，研究结果表明，服务感知风险、交易感知风险和抄袭风险对创业者使用众筹平台均有负向影响，而感知有用性和感知信任对创业者意愿行为有正向影响；众筹服务和交易的感知风险受到融资风险、安全顾虑和心理因素的影响，而抄袭风险则受到信息顾虑和感知控制的影响。总之，基于技术的金融创新是客观存在的，随着人们对新技术的日益重视，新技术的发明数量和传播速度加速增长，金融创新不断深入。

国内学者对金融创新产生的研究相对较晚。王海成、崔士贤和吴冲锋（1998）认为，金融创新主要起源于两种情况：①金融机构为了满足客户特定的需要而设计金融产品，然后又将设计方案进行产品化。②金融机构根据市场的需要主动开发的结果。朱国平和谢赤（1998）从金融机构间竞争的加剧、法规与税则的变化、技术的进步、利率与通货膨胀的更加易变、汇率体系的浮动化、经济活动的变化、世界经济的增长、学术工作的进展、越来越多受过现代金融理论教育的大学生和研究生不断进入金融产业共九个方面分析了金融创新高速发展的动因。侯宏伟、宋永强和郭春贤（1999）在金融创新动因的分析中，认为金融创新动因有物化因素或者说是社会环境因素，还有更为重要的人的因素，这就是金融企业家——银行家的作用，银行家是金融创新的拓荒者、组织者和实干家。王仁祥和 姚耀军（1999）提出金融创新函数：金融创新=f（金融机构的主体动机、金融理论和科学技术支撑、竞争环境金融机构内部条件）。杜耀康（2001）认为，与国际接轨和增强竞争力是我国金融创新内因，发展经济需要获取最大利润和人事制度改革是我国金融创新外因。于敏（2001）从技术推进金融创新理论及实践发展的角度出发，分析了电子技术特别是电子网络在银行中的应用给银行业带来的深刻变革，认为金融技术因素不仅成为金融创新的手段，而且成为推动金融创新的强大压力和巨大动力。姚铮和朱强（2002）在技术共同体的分析框架下对金融创新进程进行考察，发现只有保持技术共同体中三大要素（资源禀赋、专有功能、制度安排）同步协调发展，才能使金融创新健康有序进行。王仁祥和喻平（2003）对我国与西方金融创新动因进行了比较，认为我国与西方金融环境的巨大差异决定了金融创新动因的不同，政府推动、市场失败、技术推进的追逐利润是我国金融创新的动因，西方金融创新的动因还有货币促成和财富增长。

李昱和李莹（2006）认为，金融创新已经成为金融业发展的核心动力，而金融创新离不开信息技术的发展，信息技术为金融市场的参与者提供了充足的信息和基于知识的量化评价，辅助了决策行为，使得金融产品的交易更为简单，从而扩大了金融市场。曹东勃和秦茗（2009）认为金融创新与技术创新始终是相互依存的，技术创新为金融创新提供了利润空间，金融创新为技术创新提供了资金支持。冯毅（2011）分析了我国商业银行金融创新动因，认为银行体制改革的成功实施是银行金融创新的根本内因；金融脱媒促进银行进行产品创新；同业竞争日益激烈推动银行进行金融创新；金融制度改革引发银行金融创新。肖雯雯和王莉莉（2017）认为区块链技术促进了科技创新和金融创新。邵传林和张丽（2019）的研究表明：资源与环境的约束、国家政策的转向、金融业自身转型、“一带一路”建设、G20全球性新治理框架的构建等因素为中国绿色金融发展提供了内在动因。

（二）金融创新扩散

Bettzuge M. 和 Hens（2001）认为金融创新的产生固然重要，但更应该关注金融创新是如何扩散的。金融创新扩散是首次金融创新后，随着时间推移，该金融创新被越来越多的其他金融创新主体采纳从而蔓延开来。金融创新采纳和扩散是一个问题的两个方面。金融创新采纳是对单个金融创新主体而言的，描述了单个金融创新主体对已经出现的金融创新模仿的决策行为；当多个金融创新主体采纳后，从整体上来说，就是金融创新扩散。从国外学者研究来看，Hannon 和 McDowell（1984）研究了20世纪70年代美国银行自动柜员机的应用过程，选取扩散速度或者银行采用比例作为参数，发现自动柜员机在一个市场集中度高的市场比在市场集中度低的市场扩散更容易。Milbourne（1986）研究了加拿大四个具体的现金管理方案的金融创新扩散情况，结果表明，现金管理方案以一个非常快速和永久的比例扩展到大型企业，6~9个月后扩展到小公司，大约9个月后扩展到家庭方面的金融创新。Jagtiani等（1995）借鉴Mansfield的逻辑模型，并运用该模型对五种表外业务（互换、期权、期货、销售贷款和备用信用证）的扩散速度进行研究。Molyneux和Shamroukh（1996）的非一致影响重复采纳模型检验了两种金融创新产品（垃圾债券和票据发行便利）在银行间的扩散，总结出银行金融创新扩散的基本模型。Liberatore和Breem（1997）对商业银行和保险公司采纳数字成像技术的扩散行为进行了实证研究。Bhattacharyya S.、Nanda（2000）分析了投资银行开发创新产品的扩散后发现，市场份额较大的投资银行有更大的创新动力，较小的银行可能会与最大的银行分享他们的创新。Akhavein、Frame和White（2005）通过搜集95家大银行的相关信息，研究银行小额商业贷款信用评分系统的扩散后发现，那些位于纽约联邦储备区的银行和拥有更多分支机构的银行更早进行创新。Li（2009）以Verhulst模型为基准，将效用分析和级数增长系数计算与e-financial创新扩散基本模型相结合，更准确地确定了饱和点，更好地预测了扩散过程。Redmond（2013）指出金融新产品和新金融工具的创新和扩散过程既有共同之处，也有不同之处，并讨论了两者在中介机构、质量和外部性方面的差异。Ang和Kumar（2014）基于123个国家的横断面数据，探讨了阻碍金融技术扩散的决定因素，发现远离前沿技术的程度影响最大，跟随者采纳和适应前沿技术的能力影响金融技术跨国界传播。Bara（2016）考察了金融创新的跨国扩散、内部监管、宏观经济因素和供给侧因素对津巴布韦金融创新扩散的影响。Marszk、Lechman和Kaur（2017）使用logistic创新扩散模型研究了2002~2012年墨西哥投资基金（ETF和共同基金）的基本变化和趋势。Marszk和Lechman（2018）结合创新扩散和技术替代模型进行了实证研究，2004~2017年日本和韩国ETF基金的扩散，发现这两个国家ETF扩散速度和增长阶段有所不同——日本的ETF市场处于早期指数增长阶段，而韩国的ETF市场更接近达到预期的最大饱和，并且这两个国家从股票型开放式基金“转换”成ETF的替代过程是渐进的。

国内在金融创新扩散方面的研究比较少。王仁祥、喻平（2002）从静态和动态的角度对金融创新扩散进行分析后，形成了金融创新扩散的机理，构建了金融创新扩散速度与在国际间扩散的理论模式。梁大鹏、吴隽和齐中英（2004）认为金融创新的扩散是金融创新由创新主体向采用者转移的过程，并通过数理推导的方法建立了多种创新发生时每种创新产品扩散之间的影响模型，从而揭示了经纪人的行为特性、套期保值机会、市场交易规模以及金融市场的完善程度等要素对金融创新扩散效果的影响。李春燕和俞乔（2006）分析和研究了金融机构网络金融创新产品的扩散模型，并结合中国台湾的信用卡和中国大陆银行卡的扩散过程进行实证分析。张萍和吴宏（2007）对金融创新在中国金融市场扩散吸收中的时滞效应进行研究，通过分析我国与金融创新国在金融体系、经济体制、经济发展水平、金融相关率、产权制度、市场结构等因素上存在的结构性不均衡，发现异质性金融市场间的结构和金融工具比例的差异性对金融创新扩散可能产生的阻碍机制也是引发我国采纳金融创新扩散中出现时滞现象的重要原因。黄玮强、庄新田和姚爽（2008）针对我国银行业采纳网络金融创新产品（国际借记卡）的行为，运用持续期模型分析影响银行采纳创新产品的因素，挖掘创新产品扩散过程中的规律，其实证研究结果表明：银行采纳创新产品的概率与银行规模不存在显著的相关关系；银行的盈利能力越强，银行业务中表外业务所占比重越大，业务量增长越快，其采纳创新产品的概率就越大；现有银行卡交易越活跃，银行开发和推广创新产品的激励就越小；国有商业银行、股份制商业银行和城市商业银行在采纳创新产品的时间及创新产品扩散的速度上存在差异。孙国茂（2013）认为以直接融资为主和以间接融资为主的两类国家的资本市场发达程度不同，金融创新扩散方式也不同；金融创新的扩散时滞长短取决于自主金融创新国家与模仿金融创新国家金融结构的相似程度；当金融创新通过金融市场向全球扩散时，金融结构相似程度高的国家能迅速吸纳这些创新，并扩散开来；但金融结构相似程度低的国家需要经过一个漫长的过程才能采纳这些创新。许文彬、赵霖和李志文（2019）利用演化经济学的思想和动力学方法论证了监管对金融创新扩散的影响以及监管策略的有效性，指出随金融创新扩散程度而渐次展开的一阶监管策略更有助于实现监管目标和市场稳定。

金融创新扩散的研究没有形成统一的理论成果，仍存在很大的研究空间。

二、关于经济高质量发展的研究

迄今为止，国际上对经济高质量发展的定义并没有统一的标准，学术界对经济高质量发展问题研究的文献主要是从其内涵及特征的理论阐述与评价方法两个层面进行研究的。李洁琼（2018）是我国最早对经济高质量发展进行研究的学者，认为推动经济高质量发展，必须以习近平新时代中国特色社会主义经济思想为引领，与时俱进、奋发有为，扎实推动经济发展质量变革、效率变革、动力变革，推动经济社会发展再上新台阶。

作者以“经济高质量发展”为关键词在中国社会科学引文索引数据库进行检索，1998~2019年共有31篇文献，2018年7篇，2019年24篇，其他年份没有。从文献类型来看，其中论文29篇，占文献的绝大多数，综述2篇。从学科分布来看，经济学26篇，管理学5篇，政治学、哲学、艺术学、教育学、新闻传播学、社会学、图书情报学、教育学、统计学、文化学等学科均没有。

作者以“High-quality Economic Development”为主题词在Web of Science进行检索，1982~2019年共有8篇文献，2018年1篇，2019年7篇，其他年份没有。从文献类型来看，论文6篇，会议论文1篇，会议摘要1篇。从学科分布来看，环境科学5篇，环境研究3篇。这些论文全部都是中国大陆学者发表的英文文章。

从文献检索来看，对经济高质量发展的研究主要是从党的十九大以来，以中国大陆学者为主。

（一）经济高质量发展的内涵及特征的理论阐述层面

就经济高质量发展内涵而言，大部分学者基于党的十九大报告从宏观和微观角度进行了相应解读与研究。从宏观角度来看，Weng 、Xu和Ji（2018）认为绿色发展是一种环保、高质量的经济发展模式。杨伟民（2018）强调第一动力是创新、内生特点是协调、普遍形态为绿色、必由之路为开放、根本目的是共享。赵华林（2018）认为高质量发展表现为创新是第一动力，绿色发展是首要前提，更表现在民生福祉进一步提升。金碚（2018）指出经济由高速增长转向高质量发展是一种“以物为本”到“实现人的全面发展”的实质性转变，其核心理应拓展至优质的生态环境及和谐的社会发展等方面。任保平（2018）认为高质量发展的内涵包括经济发展高质量、改革开放高质量、城乡建设高质量、生态环境高质量及人民生活高质量等方面。余泳泽和胡山（2018）从产业、创新、对外开放和人民生活四个维度对中国经济高质量发展的现实与困境进行总结。而从微观角度来看，黄速建（2018）、杨超（2018）、王进富（2018）等主要从产品和服务的质量方面进行探究。

（二）经济高质量发展评价方法层面

就经济高质量发展的评价方法来看，刘干、郑思雨（2018）等以2010~2016年的指标数据为依据，利用熵值法和模糊综合评价法计算我国31个省市区的经济高质量发展综合得分，并从动态、静态两个角度对各省市区经济高质量发展状况进行探究。马丁玲、颜颖颖（2018）等以2010年为基准，运用专家打分法和主成分分析法从经济增长、经济发展质量、经济发展动力、经济发展可持续性及经济发展成果共享五个领域进行综合评价。丁涛、顾金亮（2018）等通过灰色关联度法，以2015年江苏13个地级市的相关指标为依据，利用江苏科技创新与绿色发展间的关联程度进行探究。Feng和Guo（2019）基于创新、协调、绿色、开放、共享五大发展理念，运用因子分析方法，对2017年我国31个省市区经济高质量发展水平进行了综合评价，揭示了不同省市区经济高质量发展的五个维度和总体状况，分析了不同维度的空间发展特征，并提出相关政策建议。

（三）经济高质量发展的环境与影响因素

经济高质量发展受到国内外环境的制约。陈德铭（2018）认为尽管中国经济高质量发展面临的国际环境并不宽松，以美国为首的西方国家对中国进入高质量发展阶段、实现技术赶超颇有异议和担心，竭力加以阻止，但实现高质量发展的趋势不可逆转。究其原因，中国经济高质量发展面临着极佳的战略机遇，人类社会发展正在进入信息革命时代，我国新技术新产业的快速发展、国内市场规模的不断扩大、体制机制的改革创新、绿色产业带来的巨大商机以及新旧动能的融合发展等都将为我国实现经济高质量发展提供有力的支撑。

经济高质量发展受到众多因素的影响。付文飙和鲍曙光（2018）认为财政政策从政府行为、要素相对价格、企业技术水平和创新能力三个途径影响经济高质量发展，金融政策则通过资本积累和TFP增长影响经济发展质量。吴士炜和余文涛（2018）基于戴维·罗默（D. Romer）的研究与开发模型，利用中国31个省市区1997~2016年的面板数据，将空间地理因素纳入分析范畴，运用空间杜宾模型分时间段实证考察环境税费、政府补贴对中国经济高质量发展存在的影响。陈冲和吴炜聪（2019）研究发现，消费结构升级对高质量发展具有显著的积极作用且存在门槛效应，当跨过门槛值以后，消费结构升级的驱动效应会不断凸显。陈喜强和邓丽（2019）研究发现政府主导区域一体化战略的确带动了经济高质量发展，进一步通过中介效应模型研究证实，政府主导区域一体化战略能够通过产业结构差异化和产业结构高度化两条路径带动区域经济高质量发展，但这两条路径带动作用具有明显的差异性。李娜娜和杨仁发（2019）认为对于不同经济高质量发展水平，FDI促进作用呈现差异性，具体表现为随着经济高质量发展水平的提高，FDI 对经济高质量发展呈现“V”形变化趋势，对于经济高质量发展条件分布两端的影响大于其对中间部分的影响，且对于经济高质量发展水平较高的区域，FDI 的促进作用也较大。卢进勇、李思静和张航（2019）认为扩大进口战略的实施对于推动中国经济高质量发展有着至关重要的作用。赵丽霞和阿拉腾额古乐（2019）构建科技创新能力与经济高质量发展的 SEM 模型，量化剖析科技创新能力构成要素对经济高质量发展的影响路径。李勇刚（2019）研究发现土地资源错配对经济发展质量产生显著的负向影响，表明土地资源错配是制约我国经济高质量发展的重要因素。景维民、王瑶和莫龙炯（2019）研究发现，人力资本结构高级化有利于实现地区经济高质量发展，尤其是东部地区更加显著，不同地区只有抢占人才高地才能促进经济高质量发展。可见，影响经济高质量发展的因素非常广泛，既有宏观因素，也有中观和微观因素。

三、关于金融创新与经济高质量发展的研究

国内外学者对于金融创新与经济发展之间的关系研究相对较多，对于金融创新与经济高质量发展之间的关系研究相对较少。

早有部分学者注意到金融创新与经济发展两者间存在极强的双向因果关系，一般以具体的金融创新活动或功能为主要载体进行探究。现代经济发展的过程中，金融创新在金融机构、金融市场、金融产品和金融治理四个方面发挥着核心作用。King 和 Levine（1997）通过实证方法以金融市场交易的增加这一具体现象剖析金融创新对经济增长的积极作用。蒋瑞波和蒋岳祥（2012）立足金融创新的一般理论进行了分析，强调了金融技术创新对区域经济发展的重大影响。李丛文（2015）、吕喜明（2016）等基于经济新常态视角，采用广义矩估计方法对金融创新与经济增长的区域差异进行探究。Guglielmo Maria Caporale（2009）重点强调金融市场，谢婷婷和任丽艳（2017）重点强调金融产品，都基于面板数据方法对金融创新驱动经济增长的作用进行了实证分析。王爱俭（2008）立足政府宏观调控、金融市场和中介自我调节等多个角度，对金融创新驱动区域经济的动力传递作用与效应进行探究。

目前，学者们对于金融创新与经济高质量发展之间关系的研究以定性分析为主，定量研究较少。何宏庆（2018）认为，当前科技金融促进经济高质量发展过程中，由于相关政策法规不完善、服务平台共享不足、融资模式单一、行

业创新不够和专业人才资源缺乏，这在一定程度上制约了我国经济高质量发展；为此，必须加强科技金融法律制度建设，构建科技金融共享服务平台，形成市场主导的多层次金融供给体系，强化科技金融风险管理，培养科技金融复合型人才，充分发挥科技金融的动力功能，使其更好地推进经济高质量发展。田惠敏（2018）认为，绿色金融是对环保、节能、清洁能源、绿色交通、绿色建筑等领域的项目投融资、项目运营、风险管理等所提供的金融服务，绿色金融可以助力经济高质量发展。陈喆（2019）认为，金融科技在推动居民消费、扶持小微企业和推动产业发展等方面扮演着极其重要的角色，应履行金融服务实体经济的责任担当，与区块链、供应链以及物联网等技术相结合，推动实体经济高质量发展。何宏庆（2019）认为，数字金融是经济高质量发展的重要动力；当前中国数字金融处于起步阶段，在推进经济高质量发展过程中存在的相关法律制度不健全、数字金融活动主体素养较低、征信系统不完善、客户信息安全缺乏保障、数字金融风险更为集中隐蔽、金融监管机制不完善等问题，严重制约了我国经济高质量发展；为此，必须坚持“普惠”与“精准”相统一原则，完善数字金融法律制度，加强数字金融教育，健全征信体系，注重数字金融监管体系建设，重视数字金融技术创新，强化国际交流与合作，以更好地推进数字金融发展。黄永明和姜泽林（2019）在自由资本模型的基础上，构建了包含金融结构的新经济地理学模型，推导出金融结构最优时产业集聚亦可达到最佳状态，进而提高经济发展质量等结论；随之采用 2005~2015 年中国省际面板数据，实证分析了金融结构、产业集聚对经济高质量发展的作用机理；研究表明金融结构与我国经济高质量发展之间存在正相关关系且存在区域差异性；全国范围内而言，金融结构对多样化产业集聚与专业化产业集聚的作用也存在差异性。金融结构指标低于 0.7366 时，产业专业化集聚对我国经济发展质量的作用较大，越过门槛值 0.7366 后，作用有所衰减。合理调整金融结构、加强多样化产业集聚治理、提高专业化产业集聚水平等是促进经济高质量发展的重要路径。汪宗顺、郑军和汪发元（2019）基于长江经济带 11 个省市区 2004~2017 年的数据，构建 PVAR 模型，通过 GMM 估计、脉冲响应函数、方差分解分析产业结构、金融规模与经济高质量发展之间的关系。结果显示：产业结构与经济高质量发展正相关，尚不显著；金融规模与经济高质量发展负相关，但不显著；产业结构和金融规模彼此间存在正向冲击效应，金融规模对经济高质量发展的贡献度要高于产业结构。魏蓉蓉（2019）认为，金融作为经济增长的关键稀缺要素，金融资源有效配置是实现经济高质量发展的突破口；采用 2001~2017 年我国30个省市区的面板数据，构建经济高质量发展指标体系，并通过空间杜宾模型，考察金融资源配置对经济高质量发展的作用机理及空间溢出效应，结果表明：①金融资源有效配置是经济高质量发展的直接动力因素。②金融资源配置可以通过全要素生产率来间接发挥对经济高质量发展的推动作用，即全要素生产率是金融资源配置影响我国经济高质量发展的传导渠道。③金融资源配置对经济高质量发展的这种直接作用和间接传导在区域内和区域间都具有空间溢出效应，既可以推动本地区经济高质量发展，也能促进周边地区经济高质量发展水平的提高，这有助于我国经济发展向高水平收敛；基于此，提出了优化金融资源配置，推进我国经济高质量发展的政策建议。徐盈之和童皓月（2019）认为，营造有利于资本高效运行并推动经济高质量发展的金融包容性环境是我国当前经济发展的必由之路，并以2007~2016年30个省市区为研究对象，基于动态面板模型，并利用系统GMM估计，探讨金融包容性与资本效率对经济高质量发展的作用机制，对金融包容性、资本效率与经济高质量发展的关系进行考察；研究结果表明：金融包容性、资本形成效率和资本产出效率都对经济高质量发展存在正向影响，但现阶段资本配置效率对经济高质量发展存在抑制作用，金融包容性能够通过改善资本效率推进经济高质量发展，且以上结论存在地区异质性。本书进一步分析发现，资本效率对经济高质量发展的影响存在门槛效应，在不同金融包容性水平下，资本效率对经济高质量的影响存在差异；因此，为了推动经济高质量发展，需要深化金融体制改革，提升地区金融包容性水平；健全资本市场，增强资本对经济高质量发展的驱动作用；构建现代化金融体系，发挥金融包容性对资本效率的改善作用。赵玉龙（2019）立足于经济高质量发展，基于2003~2015年279个地级及以上城市的数据，采用系统GMM模型和中介效应分析了金融发展、资本配置效率与经济高质量发展之间的关系。研究发现：金融发展对经济高质量发展具有显著的促进作用，银行信贷扩张为主的金融发展对不同区域城市的影响存在差异；资本配置效率是影响经济发展质量的显著因素，我国东部和东北部城市资本配置效率对经济发展质量的影响程度高于中西部；资本配置效率是金融发展影响城市发展质量的中介因素，但中介效应占总效应的比重仅为9.6%；经济高质量发展的影响因素在不同区域间存在较大差别；政府研发投入和互联网普及率的提高有助于促进城市经济高质量发展。周兵和胡振兴（2019）以我国31个省市区2008~2017年金融企业和非金融企业的平衡面板数据为研究样本，分别构造门槛面板模型研究了金融企业和非金融企业金融杠杆的门槛效应，研究结果表明：非金融企业金融杠杆不具有门槛效应；金融企业金融杠杆具有显著的门槛效应；运用差分 GMM 和系统 GMM 对面板数据进行了回归，解决了模型的内生性问题。分析研究得出金融企业的高杠杆不利于我国经济高质量发展，但非金融企业杠杆率现阶段处于合理水平，对我国经济高质量发展具有显著促进作用。周雷、刘睿和金吉鸿（2019）认为，为破解民营小微企业融资的信息不对称难题，服务实体经济高质量发展，江苏省苏州市搭建了综合金融服务、股权融资服务、地方企业征信“三大平台”，首创了“股权+债权”的综合金融服务体系，并经中国人民银行批准设立全国首个小微企业数字征信实验区。银行、保险等金融机构纷纷依托互联网平台，应用大数据、人工智能等金融科技新技术，服务小微企业等实体经济。为进一步完善苏州综合金融服务体系，应优化金融监管机制，推进数字征信建设，培育金融科技企业，丰富金融产品供给。黄益平（2019）认为，随着经济发展步入“新常态”，我国经济增长的驱动力已由过去的要素驱动、投资驱动转变为创新驱动，而中国过去几十年基本稳定的金融支撑了经济高速增长，如今却无法再有效“支持实体经济”，需要以金融创新支持未来中国经济实现高质量发展。

综上所述，针对金融创新与经济高质量发展的研究仍存在几点不足：①对金融创新与经济高质量发展关系进行实证研究的文献较少。实证研究应立足于统计数据，有实证做支撑更具有说服力，故在研究方式上应更多地倾向于实证分析。②从区域视角研究金融创新与经济高质量发展关系的文献不多，绝大部分文献仅针对个别地区进行分析。我国地域广阔且各区域在制定政策时大都以自身区域的实际情况分别做出相关规定，故从区域角度进行金融创新与经济高质量发展关系研究，对政策的实施更具有借鉴意义。③区域金融创新与经济高质量发展协同的研究更加少见。

第三节 研究思路、研究内容及研究方法

一、研究思路

本书的研究目标是通过探究金融创新和经济高质量发展的理论内涵，构建

系统的评价指标体系，对全国30个省市区金融创新和经济高质量发展水平进行实证测度和分析，探求其金融创新和经济高质量发展的协同状态和存在的问题，为我国区域金融创新和经济高质量发展的未来高效协同提供政策建议。围绕这一研究目标，本书的研究思路如下：首先，整理分析、总结并归纳分析国内外金融创新和经济高质量发展的相关研究文献，从中找到本书的研究问题。其次，探究金融创新和经济高质量发展的理论内涵，构建系统的评价指标体系。再次，基于2007~2017年金融创新和经济高质量发展的相关数据，对全国30个省市区金融创新、经济高质量发展及两者协同水平进行实证测度，并对其空间差异、空间关联性、空间收敛状态等进行分析。最后，分析金融创新和经济高质量发展协同存在的问题，提出政策建议。

二、研究内容

本书的主要研究内容如下：

第一章是导言部分，首先阐述选题背景和意义，梳理出国内外已有研究的进展情况，高度概括出研究思路、研究内容和研究方法。

第二章是金融创新及其评价指标体系，对金融创新的概念进行界定，对金融创新的相关理论进行总结，分析金融创新的类型，构建金融创新评价指标体系。

第三章是区域金融创新测度与差异分析，应用金融创新评价指标体系，对金融创新水平和各子系统水平进行测度，分析金融创新和各子系统的时间演化趋势及空间分布格局；并基于探索性空间数据模型和Moran's I指数分析金融创新的空间自相关性和分布演化情况，探究其空间关联性和空间收敛性。

第四章是经济高质量发展及其评价指标体系，对经济高质量发展的相关概念进行界定，对经济高质量发展的相关理论进行总结，分析经济高质量发展的基本特征，构建经济高质量发展评价指标体系。

第五章是区域经济高质量发展测度与差异分析，应用经济高质量发展评价指标体系，对经济高质量发展水平和各子系统水平进行测度，分析经济高质量发展和各子系统的时间演化趋势及空间分布格局；并基于探索性空间数据模型和Moran's I指数分析金融创新的空间自相关性和分布演化情况，探究其空间关联性和空间收敛性。

第六章是区域金融创新与经济高质量发展协同分析，探究区域金融创新与经济高质量发展的协同机理，并对两个系统耦合度与耦合协同度进行测度与分析，明确区域金融创新和经济高质量发展协同中存在的主要问题，提出促进区域金融创新和经济高质量发展协同的政策建议。

第七章是主要结论、局限性与研究展望，总结本书的研究结论，分析研究的局限性。

三、研究方法

本书主要采用的研究方法有：

第一，文献资料研究法。通过多种渠道查询各种类型文献资料，间接获取分析结论的方式。通过研读国内外参考文献，重点是针对金融创新、经济高质量发展和空间格局分析等理论，获取研究的相关理论和方法。

第二，多元综合评价和系统协同评价方法。利用层次分析法，计算金融创新综合指数、经济高质量发展综合指数等指标值。对不同省域单位的金融创新系统和经济高质量发展系统进行协同分析，计算耦合度与耦合协同度，总结演变特征规律。

第三，空间分析方法。利用自然断裂法分析各系统发展水平及空间聚集分布情况，并进一步计算全局空间自相关、局部自相关等指标分析空间关联性，以及检验空间收敛情况。

第四，比较分析法和历史分析法相结合。利用对比金融创新综合指数、经济高质量发展综合指数的区域分布差异，从整体掌握其空间格局演变时空过程，总结空间格局演变规律。

第二章

02

金融创新及其评价指标体系

第一节　金融创新的概念

1912 年，美籍奥地利经济学家约瑟夫·阿罗斯·熊彼特（Joseph Alois Schumpeter）在著作《经济发展理论》中最早提出“创新”这一概念。熊彼特认为，创新就是企业家将一种从来没有过的生产要素和生产条件实行新组合，从而建立一种新的生产函数。熊彼特将这种组合分为五类情况：采用一种新的产品；采用一种新的生产方法；开辟一个新的市场；获得原料或半成品的一种新的供应来源；实现一种新的企业组织形式。熊彼特对创新概念的界定为金融创新的定义奠定了重要的基础。

目前，学术界关于金融创新的定义众说纷纭，仍未有统一的说法。这说明金融创新是一个更加复杂的概念。梳理国内外学者对金融创新这一概念的研究，可以发现大致分为三个类别。这三个类别分别从宏观、中观、微观三个层面对金融创新这一概念进行界定，不同层面的定义强调了金融创新的不同着力面。

一、宏观层面的金融创新概念

宏观层面的金融创新是在宏观视野上界定金融创新的含义，认为人类金融史上的重大历史变革就是金融创新。货币的发明是人类历史上首次最重要的金融创新。10 世纪我国宋代时期的经济发展达到了历史的巅峰，各种商业行为频繁，加上宋朝宽松的经济政策使得经济行为更加繁荣，这就要求大量的现金流通，那个时候钱币不是银子就是铜币，携带不方便，进而出现了交子这种原始的纸币，这也是人类历史上另一次很重要的金融创新。13 世纪商业银行在意大利的出现是金融创新很重要的里程碑。1602 年，荷兰东印度公司正式成立，发行了世界上第一张股票，并通过证券交易的方式用股票换取资金，这是金融创新的另一重大进展。总之，随着人类社会的不断发展，金融在人类生产、流通、分配、消费中的地位和作用日益提升，人们对金融重要性的认识不断深化。第二次世界大战以来，特别是进入 21 世纪后，互联网金融与人类生产、流通、分配、消费的活动结合愈发紧密，逐步由个别金融企业、金融业范围的金融创新转向跨金融业和非金融业的多领域、总体、全局的金融创新，人们更加能从宏观层面感悟和研究金融创新。

国内外学者很少从宏观层面直接界定金融创新的含义。Bennett（1963）认为，从传统经济体转向发展中经济体的初期发展阶段，人均产出不断增长、税收占收入的比重增加、从世界其他地区创新融资，或者金融产品和技术的改变，称为金融创新。Tufano（2003）认为，金融创新是指创造和扩散新的金融工具、金融技术、金融市场或金融机构的行为。周林和何旗（1985）是国内最早对金融创新进行定义的学者，他们认为广义上金融创新指的是多种经济现象，包括新的金融资产、新的金融市场和新的支付转账媒介的出现。按照金融创新的共同特点，大体上可以分为两大类：第一类是可以减少金融管制限制的影子成本的金融创新；第二类是用来减少交易成本和避免风险的金融创新。张育军和李金柱（1988）认为金融创新是金融要素的重新组合与金融要素的扩展。王仁祥和喻平（2002）认为金融创新是一个创新系统，这个创新系统包括金融制度创新、金融市场创新和金融产品创新三个子系统。

当下，互联网金融背景下的金融创新是最主要的研究新领域。2015 年，中国人民银行等十部委联合发布的《关于促进互联网金融健康发展的指导意见》将互联网金融定义为传统金融机构与互联网企业利用互联网技术和信息通信技术实现资金融通、支付、投资和信息中介服务的新型金融业务模式。但是，也有学者认为互联网金融不是一种金融创新，在耶鲁大学金融学教授陈志武（2014）看来，互联网带来的金融亢奋并不是“新金融”，而是金融的销售和获取渠道上的变化，其交易的还是金融契约，不管是线上还是线下；从互联网意义上挑战传统银行和资本市场，但在本质上跟银行、资本市场等所经营的产品没有区别，仍然是交易各方的跨期价值交换和信用的交换。李继尊（2015）认为，由于我国完善的互联网基础、发达的电子商务、活跃的民间资本、相对落后的传统金融服务以及相对滞后的金融监管等多方面的因素，互联网金融并没有在金融与科技都十分先进的发达国家抢占先机，而是先在我国得到快速发展。互联网金融，特别是众筹平台是目前研究的焦点之一，众筹能够削减产品需求的不确定性进而提升社会福利水平（Strausz，2017）。王聪聪、党超、徐峰、钟立新和杜炜（2018）认为互联网金融背景下的金融创新是互联网与金融的深度融合，对金融业的产品、业务和组织等各方面产生了深刻的影响。

二、中观层面的金融创新概念

中观视角下的金融创新是在金融行业或领域界定金融创新的含义。Miller（1986）认为，金融创新是指金融机构以及金融工具的变化。陈岱孙和厉以宁（1991）指出，金融创新是在金融领域内建立“新的生产函数”，它包括金融工具、新的融资方式、新的金融市场、新的支付清算手段和新的组织形式与管理方法等一系列新事物。Boyd 和 Smith（1996）认为，金融创新是一个金融部门发展的动态过程，既影响实体部门的发展，又受到实体部门发展的影响。Blake（1996）认为，金融创新是指金融中介部门应对金融资产供给和需求变化的解决方案。钱国荣（1997）认为，金融创新就是突破多年来金融业的传统经营模式，在金融工具、金融业务、金融技术、金融机构、金融市场以及金融制度等方面实行的变革和创新。生柳荣（2000）认为，金融创新是指金融机构和金融管理局出于微观利益和宏观效益的考虑而对机构设置、业务品种、金融工具和制度安排所进行的金融业创造性变革和开发活动。

从中观角度来论述的金融创新比宏观角度更加具体，将视角更加明确地设置在金融行业或领域的层面上，这样的研究扩充了金融创新概念的内涵，使得人们可以在更加具体的领域研究金融创新。

三、微观层面的金融创新概念

微观视角下的金融创新主要是从具体的金融工具或者金融产品的角度对其进行定义。Silber（1983）认为，金融创新是一种试图冲破金融约束的新金融产品或新金融实务。Van Horne（1985）也认为，金融创新可以是一种新的金融产品，或一个新的金融服务过程，并举例说明了金融创新，如新的金融产品有货币市场投资账户、超级 NOW 账户、利率及股指期货、期货期权、市政债券共同基金、零息债券和息票剥离、可调利率优先股等 19 种，新的金融服务过程有 ATM、POS、电子证券交易等 6 种。Carter（1989）认为金融创新就是金融市场的结构性变化和产品创新。Ross（1989）认为，金融创新是指新证券及其市场，或大量使用新金融工具的动态交易策略。刘青（1994）认为，金融创新主要是指金融工具的创新，金融机构为适应新的经营环境而开发新的金融工具，通常融资技术和支付清算手段的更新也归属于金融工具。Jagtiani 、Saunders 和 Udell（1995）认为，银行资产负债表外（OBS）产品创新也是一种金融创新。Bettzuge 和 Hens（2001 ）则认为，金融创新主要是金融产品创新，而产品创新是金融创新的应有之义。张波（2002）则认为，金融创新不外乎是现有金融产品各类特征的一种重新整合，只要有需求，这种不断的整合过程就可以为金融创新提供无限的可能性。何静（2003 ）认为，金融创新是金融机构基于市场的变化，通过各要素的重新组合和创造性变革，为市场提供金融新产品和服务。Redmond（2013 ）认为，金融创新是新产品和新金融工具的创新和扩散，区别金融创新的差异包括中介机构的作用、质量的可变性和外部性的程度。国内外持类似观点的学者也很多。

微观视角下对金融创新的研究大部分集中在金融产品与金融工具方面。虽然这些研究对今后的研究奠定了一定的基础，但仅将金融创新视为金融产品或金融工具创新则过于简单。

当前，对金融创新概念的理解日益趋向综合化，将金融创新视为一种复杂的系统，不再局限于从某一个特定层面来理解金融创新。本书综合上述三个层面分析金融创新的定义，认为金融创新是将金融机构、金融市场、金融产品以及金融治理融合为一体的创新系统。

第二节　金融创新的相关理论

一、约束诱导型金融创新理论

William L. Silber（1983）基于供给角度对金融创新的原因进行探究，提出了约束诱导型金融创新理论，其认为金融创新是微观金融部门追求利润最大化的结果，既是自卫的手段，也是缓解外部政府监管机构带来的金融压制的行为。金融压制的主要来源有外部压制与企业内部压制两个方面，外部压制以政府部门的监督、管理为主，企业内部压制以企业制定的利润目标为主。金融机构在外部条件发生变化催生出金融压制时，一般通过机会成本的大小、金融企业实际价格与管理影子价格之间的差价来实现金融创新，最终实现利润最大化。

二、规避型金融创新理论

E. J. Kane（1984）分析了金融创新的目的和动机，认为金融创新是规避外部政府监管机构的一系列金融管制，从而最大限度地回避违规、违法风险。规避型金融创新理论相较约束诱导型金融创新理论存在相似之处，但也存在较大的区别：规避型金融创新理论认为金融创新的目的是避免外部政府管制的影响，而约束诱导型金融创新理论则强调内外部两方面的制约因素。

三、交易成本金融创新理论

J. R. Hicks、J. Nienans（1999）指出金融创新最直接的原因是降低交易成本，其通过分析金融创新、交易成本与货币需求之间的关系，认为交易成本是货币需求的重要因素，对不同的金融工具需求能够反映不同的货币需求；反之，交易成本同样是不同金融工具需求的重要因素。交易成本之所以会对投资个体需求产生影响，是因为对金融工具需求即投资个体需求，交易成本对货币需求的影响通过对金融工具的需求来体现，换言之，降低交易成本能够促使货币变成一种新的交换媒介或一种新的金融工具。由此可见，交易成本的降低会促进金融创新，改善金融服务；反之，金融创新同样利于降低交易成本，二者是相互作用的关系。

四、技术型金融创新理论

T. H. Hannon、J. M. McDowell（1984）作为技术型金融创新的代表人物，认为高科技广泛应用金融业，使金融在创新过程中实现电子化和网络化，一方面，金融创新通过技术支持可以有效降低金融活动的时间成本。另一方面，在经济运行过程中，创新金融工具可以降低和分散风险，提高金融活动运行的效率。

五、制度型金融创新理论

L. E. Davies（1971）作为制度型金融创新学派的代表人物，指出金融创新不仅是一种制度改革，也是经济制度的重要组成部分，金融创新与经济制度二者间存在互相影响、互为因果的关系。计划经济时期，随着通货膨胀、财富积累及内外制约等因素对金融创新的促进，严格的管理制度与高度的集权制度会对金融创新产生抑制。而政府调控的市场经济时期，多样化、全方位的金融创新应运而生。由此可见，不同的经济制度对金融体系产生的影响不尽相同，金融体系的不断完善能够促进金融制度改革，而金融制度的革新就是金融创新。

第三节　金融创新的类型

金融创新的主流观点是借鉴熊彼特在定义“创新组合”时将其分为新产品、新方法、新市场、新原材料来源和新组织的做法，将金融创新分为金融产品创新（或金融工具创新）、金融过程创新、金融技术创新、金融市场创新和金融制度创新。

从其他角度出发，可以对金融创新做出不同的分类。按照金融创新概念的外延来划分，可将其分为广义与狭义两个类别；广义的金融创新指任何金融要素的新发展，包括金融机构、金融市场、金融技术、金融工具、金融服务流程等的变化；狭义的金融创新指金融工具的新引入，包括新工具在新业务中的应用、新工具在旧业务中的应用、旧工具在新业务中的应用。Holland（1975）按金融创新动因将金融创新分为先验性创新和规避性创新：先验性创新指金融机构或金融客户寻求一种与金融当局监管完全没有关系的改进；规避性创新指金融机构或金融客户为规避金融当局监管而发明的新产品、新服务和新过程。

本书对金融创新的认识基于系统角度，突出了金融创新在宏观、中观和微观三个层面上的有效结合与互动特征。金融创新必将与金融相关的人员、技术、机构、资本等有效地结合在一起，通过政府的金融制度的调控作用及金融市场调节与整合来实现对区域经济高质量发展的驱动作用。因此，本书将金融创新分为金融机构创新、金融市场创新、金融产品创新和金融治理创新四个方面。

一、金融机构创新

金融机构是指从事金融业相关的金融中介机构。金融机构通常提供以下一种或多种金融服务：在市场上筹资从而获得货币资金，将其改变并构建成不同种类的更易接受的金融资产，这类业务形成金融机构的负债和资产，这是金融机构的基本功能，行使这一功能的金融机构是最重要的金融机构类型；代表客户交易金融资产，提供金融交易的结算服务；自营交易金融资产，满足客户对不同金融资产的需求；帮助客户创造金融资产，并把这些金融资产出售给其他市场参与者；为客户提供投资建议，保管金融资产，管理客户的投资组合。上述第一种服务涉及金融机构接受存款的功能；第二种和第三种服务是金融机构的经纪和交易功能；第四种服务被称为承销功能，提供承销的金融机构一般也提供经纪或交易服务；第五种服务则属于咨询和信托功能。

按照不同的标准，金融机构可划分为不同的类型。按照是否属于银行系统，可划分为银行金融机构和非银行金融机构；按照出资的国别属性，又可划分为内资金融机构、外资金融机构和合资金融机构；按照总部注册地所属的国家，还可划分为本国金融机构、外国金融机构和国际金融机构。2010 年，中国人民银行发布了《金融机构编码规范》，从宏观层面统一了中国金融机构分类标准，首次明确了中国金融机构涵盖范围，界定了各类金融机构具体组成，规范了金融机构统计编码方式与方法。该《金融机构编码规范》将金融机构分为九大类：

第一类，货币当局（中央银行）。包括中国人民银行（含其下属的国家外汇管理局）。

第二类，监管当局。包括中国银行保险监督管理委员会、中国证券监督管理委员会。

第三类，银行业存款类金融机构。包括商业银行（含城市信用合作社及联社改组的城市商业银行、原农村信用合作社及联社改组的农商银行）、政策性银行、农村资金互助社、财务公司。

第四类，银行业非存款类金融机构。包括信托公司、金融资产管理公司、金融租赁公司、汽车金融公司、贷款公司、货币经纪公司。

第五类，证券业金融机构。包括证券公司、证券投资基金管理公司、期货公司、投资咨询公司。

第六类，保险业金融机构。包括财产保险公司、人身保险公司、再保险公司、保险资产管理公司、保险经纪公司、保险代理公司、保险公估公司、企业年金机构。

第七类，交易及结算类金融机构。包括交易所、登记结算类机构。

第八类，金融控股公司。包括中央金融控股公司、其他金融控股公司。

第九类，新兴金融企业。包括小额贷款公司、第三方理财公司、综合理财服务公司。

可见，《金融机构编码规范》所指金融机构是从广义角度进行界定的，狭义的金融机构不包括第一类货币当局和第二类监管当局。本书中的金融机构主要从狭义角度进行理解。

改革开放以来，我国的金融机构不断创新发展。1979 年，中国银行、中国农业银行从中国人民银行中分离出来，开启了金融机构快速创新发展的序幕。目前我国已经有数量众多、类型多样的金融机构，基本形成了适应经济发展需要的金融机构体系。金融机构的服务水平不断提高，提供的各项金融服务已覆盖国民经济各部门和社会发展的各方面。对于金融机构而言，除了要为本国经济发展服务以外，还需要广泛参与国际金融和资本市场竞争。党的“十八大”以来我国经济社会各个领域发展进入了全面深化改革的新时期。一方面，国有经济得到了进一步强化和巩固，国有企业经营管理体制改革速度不断加快。另一方面，民营经济实体数量不断增加、规模不断扩大，中小微企业发展得到了全面系统的政策扶持。在这种新形势下金融机构势必进行全面改革，为经济体制改革提供强有力的资金保障和支持。面对日益激烈的国际金融市场竞争，国内银行金融机构必须提高盈利能力，方能够更加从容地在国际金融市场实现资本重组、并购、收购等行为，提高国际金融市场竞争力。未来，中国金融机构要继续在中国经济发展中发挥重要作用，提高国际金融市场竞争力，只能依靠金融机构创新发展来实现。

金融机构创新发展有赖于人才创新和技术创新“双轮”驱动。金融人才是具有一定的金融专业知识或专门技能，能够进行创造性劳动并对金融机构发展做出贡献，有较高能力和素质的劳动者。金融机构只有源源不断地引进人才、培养人才、使用人才，金融机构效率和效益才能提升。因此，金融人才创新是对“金融人才”进步变化过程的描述，是金融机构创新最重要的方面。另外，金融技术创新是指金融机构对新金融科技的创新应用。金融科技应用推动了金融机构的电子化建设和线上业务的兴起，人工智能、大数据、云计算等新兴科学技术的应用将进一步推动智慧金融、无人金融、开放金融的创新发展。金融技术创新越往高级阶段发展对金融研发投入的依赖性越强。金融研发具有积累性，已有金融技术积累建立和加强的基本途径就是研发。由于金融研发活动属于创造性活动，新的创造性依赖于已有的创造和学习，这个过程延续下去，不断把金融技术发展水平推向更高层次，相应的金融技术创新能力会越来越强。金融机构创新来自金融技术创新和金融人才创新的结合，会给金融机构带来翻天覆地的变化，并使得一系列不可能变为了可能。

二、金融市场创新

金融市场是货币资金及其衍生物为交易对象的场所。金融市场的构成十分复杂，它是由许多不同的市场组成的一个庞大体系。一般根据金融市场上交易工具的期限，把金融市场分为货币市场和资本市场两大类。货币市场是融通短期（一年以内）资金的市场，资本市场是融通长期（一年以上）资金的市场。货币市场和资本市场又可以进一步分为若干不同的子市场。货币市场包括金融同业拆借市场、回购协议市场、商业票据市场、银行承兑汇票市场、短期政府债券市场、大面额可转让存单市场等。资本市场包括中长期信贷市场和证券市场。中长期信贷市场是金融机构与工商企业之间的贷款市场；证券市场是通过证券的发行与交易进行融资的市场，包括债券市场、股票市场、基金市场、保险市场、融资租赁市场等。

改革开放40多年来，我国货币市场由计划管理为主向市场化调控迈进，不断创新发展，取得了长足进步，在经济资源配置和宏观调控中均发挥了重要作用。相对于货币市场，我国资本市场特别是证券市场起步较晚。1990年12月，我国第一家经批准成立的证券交易所在上海市成立，我国证券市场开始启航。随后，1991年4月，深圳证券交易所成立。进入21世纪，中国金融市场创新发展步伐加快，2009年设立了创业版市场，2019年设立了科创版市场并引入了注册制。金融市场创新需要营造一个好的金融创新环境。金融创新环境是指对金融创新产生直接或间接影响的相关因素，其中服务业发展程度、金融发展程度、通货膨胀水平等是重要的因素。金融市场创新是一个高效和富有活力的金融市场的新鲜血液，金融市场活跃程度是衡量金融市场创新的重要方面。

三、金融产品创新

金融产品在文献中的使用频率较高，但尚无公认统一的定义。对金融产品主要有广义的金融产品和狭义的金融产品两种理解，广义的金融产品包括金融运作方式、金融工具和金融服务体系，具体包括：货币类金融产品、证券类金融产品、票据类金融产品、信贷类金融产品、担保信用证、金融租赁、衍生产品、顾问咨询，等等（赵昌文，2001）；狭义的金融产品包括本身是商品的金融工具以及伴随“支持性商品”而提供的服务（叶永刚，2000）或者把金融产品等同于金融工具（郑沈芳，2000）。本书从狭义的金融产品范畴界定金融产品，认为金融产品涵盖金融工具和无形的金融服务。金融产品有货币、基础金融产品和金融衍生产品这三个层次。

同样，对金融产品创新的定义也存在多种理解。郑国英（2009）认为，金融产品创新是指金融机构受到外部刺激或内部推动，根据其内在特点开发那些被客户看来是重要的并能极大增进他们内部价值的各种产品创新的总和。姚良（2010）认为，金融产品创新是指金融机构在当前国家金融体制条件下，通过增加新的金融工具、改变金融服务模式、变更金融服务传递渠道、引进新的金融服务技术等，以获取现有的金融产品、服务模式、技术手段、服务传递路径等无法取得的潜在利润的过程。谢志忠（2011）认为，金融产品创新是指金融机构运用新思维、新方式和新技术，在金融产品或服务、交易方式、交易手段及金融市场等方面的创造性活动，从而实现金融机构经营利润最大化和风险最小化的一系列经济行为过程。我们认为，金融产品创新指创造或引进新的金融产品，这里的金融产品包括金融产品本身，也包括跟进的金融服务。

当前，普惠金融产品与绿色金融产品是金融产品创新的主流方向。关于普惠金融与绿色金融这两个概念，国内外学术界并没有统一明确的认识。普惠金融（Financial Inclusion）的概念是世界银行扶贫协商小组（GAP）在2005年“国际小额信贷年”提出的，吴晓灵认为（2017）普惠金融指的是让每一个有金融需求的人都能够及时、方便、有尊严地以适当的价格获得高质量的金融服务。2016年8月31日，中国人民银行、财政部等七部委联合发布的《关于构建绿色金融体系的指导意见》中指出：“绿色金融是为支持环境改善、应对气候变化和资源节约高效利用的经济活动，即对环保、节能、清洁能源、绿色交通、绿色建筑等领域的项目投融资、项目运营、风险管理等所提供的金融服务。”这两个概念中的金融服务是广义的，包括金融服务本身，也包括相关的金融产品。应该明确，推行普惠金融创新和绿色金融创新不是某类金融机构的事，也不是金融机构内某个部门的事，而是整个金融业发展理念和行为模式的改变，让人们能够更便捷地获得高质量的普惠金融和绿色金融产品和服务。

四、金融治理创新

联合国全球治理委员会（CDD）对治理的概念进行了界定，“治理”是指各种公私机构和个人管理其共同事务的诸多方法的总和，是使相互冲突的或不同利益得以调和，并采取联合行动的持续过程，既包括有权迫使人们服从的正式制度和规则，也包括各种人们同意或符合其利益的非正式制度安排。借鉴“治理”的含义不难推出，我们认为，“金融治理”是金融机构和从事金融活动的个人，通过一系列正式或非正式的金融制度安排，进行互动、协调并达成一致，共同处理有关金融事务的过程。可见，金融制度创新是金融治理创新的决定因素，无论是正式金融制度创新、非正式金融制度创新，都以不同方式和机制影响或者决定金融治理创新。

金融监管在金融治理中具有重要作用。金融监管是指政府或政府的代理机构（货币当局、监管当局）对金融机构、金融市场、金融产品实施的各种监督和管治，包括金融市场准入、市场退出等方面的规定，对金融机构业务范围、内部组织结构、风险管理和控制等方面的要求，本质上是一种具有特定内涵和特征的政府规制行为。金融监管起源于20世纪20年代末30年代初的全球性经济大危机时期。1929年10月24日纽约股票市场价格在一天之内下跌12.8%，大危机由此开始，从美国迅速蔓延到整个欧洲和除苏联以外的全世界，是迄今为止人类社会遭遇的规模最大、历时最长、影响最深刻的经济危机。全球性经济大危机使得人们不再相信市场是完全可以自我调节的，从而进一步认识到金融监管创新的必要性。

改革开放以来，我国金融监管持续创新。1992年以前，中国人民银行行使中央银行职能，同时也肩负着对银行、证券、保险、信托在内的整个中国金融业的监管职责，我国金融监管处于混业监管时期。1992年，中国证券监督管理委员会（证监会）成立，中国人民银行不再负责对证券公司的监管，交由证监会行使。1998年，中国保险业监督管理委员会（保监会）成立，中国人民银行对保险业的监管职责分离出去。2003年，中国银行业监督管理委员会（银监会）成立，从中国人民银行接管银行业的监管职责。自此，正式形成了由中国人民银行负责货币政策和金融稳定，银监会、证监会和保监会实施分业监管的"一行三会"格局，开启了一段金融监管专业分工的监管阶段。2017年，由于银行业和保险业在监管理念、规则和工具上有相似性，银监会和保监会合并为中国银行保险监督管理委员会（银保监会），有助于补上基层保险监管人员缺失和专业能力不足的短板，加强基于资本约束的监管。在金融业综合经营已成趋势的大背景下，我国金融监管体系还将进一步修改与完善，相应地，针对体系变革的监管政策也将予以出台和更新，金融监管创新将是永恒的话题。

第四节　金融创新评价指标体系

目前，学术界主要以单指标法和多指标法对金融创新进行评价与分析。Simpson（1980）选取前期名义利率、Arrau（1991）选取广义货币与狭义货币之比、赖声裕智（2017）选取生态位适宜度等单指标对金融创新进行评价与分析。喻平（2007）从技术创新、市场活力和产品与服务创新贡献三个方面选取八个指标对金融创新进行评价与分析。综合相关学者的研究，本书采用多指标法对金融创新进行分析，拟从金融机构创新、金融市场创新、金融产品创新和金融治理创新四个方面来构建金融创新评价指标体系。

一、金融机构创新评价指标

金融机构创新发展有赖于人才创新和技术创新“双轮”驱动。因此，金融机构创新的指标由金融人才创新和金融技术创新两部分构成。

金融业是现代服务业，是“以人为本”的行业，是最需要人才支撑的行业。金融人才具有量的规定性和质的规定性，它是由金融人才数量和金融人才质量两个方面内容构成的。一个国家、地区或企业的金融从业人员总量决定了其金融人才数量的基本格局。金融人才质量是指一国家、地区或企业的金融从业人员素质的综合反映，知识水平与技能水平是金融人才质量中最主要、人们最关心的方面，一般以人们接受专业教育、职业教育的程度来反映。因此，在衡量金融人才创新中，参考石丹（2008）的研究，本书从金融从业人员规模及金融从业人员水平两个方面进行测度。

金融研发投入的多少决定着金融机构能否进行多大规模和多深层次的金融技术创新。现有金融技术发展水平是未来金融技术创新的基础，不从现有金融技术发展水平着手，就没有未来金融技术创新的基础，金融技术创新就会流于幻想。引进技术的吸收能力是制约技术引进技术外溢效应的核心变量，技术引进的创新绩效严重依赖吸收能力的提高。因此，借鉴 Beck（2012）等的研究，本书从金融研发强度、金融技术发展水平及引进技术的吸收能力三个方面对金融技术创新进行评价。

二、金融市场创新评价指标

金融市场创新的指标采用金融创新环境和金融市场活跃程度来衡量。金融市场创新需要律师、注册会计师等提供的多种服务的支撑，也受到金融发展程度、通货膨胀水平等多种重要因素的制约。因此，本书参考何兴强和何杨平（2018）等的金融创新评价指标体系，选择服务业发展程度、金融发展程度、通货膨胀水平三个指标作为金融创新环境评价指标。

金融业具有专业性强、活跃度高、技术应用广泛等特点，建设一个高效和富有活力的金融市场是金融市场创新的目标。因此，本书参考何兴强和何杨平（2018）等的金融创新评价指标体系，选择金融市场发展规模、资金配置效率、技术市场发育程度三个指标构建金融市场活跃程度评价指标。

三、金融产品创新评价指标

随着包容性经济发展理念和对环境保护的日益重视，普惠金融产品与绿色金融产品也应运而生，成为学术界研究金融产品创新的重点与热门话题，故本书金融产品创新的指标主要选取惠普金融创新和绿色金融创新。本书参考全球普惠金融合作伙伴组织（GPFI 金融产品创新）的普惠金融指标体系并结合我国的实际发展情况，从金融服务可获得程度、金融服务渗透程度、人均存款规模、人均贷款规模来评价普惠金融产品创新。

本书在借鉴曾学文（2014）绿色金融发展水平评价的基础上，选取了绿色信贷、绿色证券、绿色投资、绿色保险和碳金融五个方面的指标来衡量绿色金融创新。

四、金融治理创新评价指标

金融治理创新的指标采用金融制度创新和金融监管创新来衡量。金融制度创新通过金融对内开放水平和金融对外开放水平的作用，实现区域经济竞争力和区域经济发展质量的提升，本书选取了金融对外开放水平、金融对内开放水平两个指标来评价金融制度创新。

金融监管创新的研究常考虑政府的监管和风险控制这两方面的内容，本书更多重视政府干预金融治理的程度和金融抗风险能力，选取政府调控能力和金融抗风险能力作为评价金融监管创新的指标。

通过参考上述学者构建的指标体系，结合数据的可得性和研究的准确性、有效性，本书对金融创新评价指标体系的构建如表 2-1 所示，主要选择了金融人才创新（X_1）、金融技术创新（X_2）、金融创新环境（X_3）、金融市场活跃程度（X_4）、普惠金融创新（X_5）、绿色金融创新（X_6）、金融制度创新（X_7）及金融监管创新（X_8）。

表 2-1 金融创新评价指标体系

一级指标	二级指标	三级指标	四级指标
金融创新	金融机构创新	金融人才创新	金融从业人员规模 金融从业人员水平
金融创新	金融机构创新	金融技术创新	金融研发强度 金融技术发展水平 引进技术的吸收能力
金融创新	金融市场创新	金融创新环境	服务业发展程度 金融发展程度 通货膨胀水平
金融创新	金融市场创新	金融市场活跃程度	金融创新市场规模 资金配置效率 技术市场发育程度
金融创新	金融产品创新	普惠金融创新	金融服务可获得程度 金融服务渗透程度 人均存款规模 人均贷款规模
金融创新	金融产品创新	绿色金融创新	绿色信贷 绿色证券 绿色投资 绿色保险 碳金融
金融创新	金融治理创新	金融制度创新	金融对外开放水平 金融对内开放水平
金融创新	金融治理创新	金融监管创新	政府调控能力 金融抗风险能力

03 第三章

区域金融创新测度与差异分析

第一节　区域金融创新测度

一、测度方法的选取

多指标评价方法，是把评价事物不同方面的多个评价指标转化成综合评价指标的方法。关于多指标综合评价的方法有很多，如层次分析法、综合指数法、熵值法、主成分分析法、因子分析法、模糊综合评价法、专家评价法、经济分析法、功效系数法、灰色综合评估法、多目标效用综合法等。考虑到评价指标体系多层次多指标的特点，本书以层次分析法为主，并结合熵值法、专家评价法等其他方法进行区域金融创新及经济高质量发展的评价。

层次分析法（Analytical Hierarchy Process，AHP），最早由美国运筹学家 T. L. Saaty 在 1977 年提出，随后许多学者对层次分析理论及其应用进行了大量的研究。这种方法是将一个复杂问题表示为有序的递阶层次结构，把人的思维过程层次化、数量化，并用数学方法为分析、决策、预报或控制提供定量的依据。层次分析法先将复杂的问题层次化，根据问题和目标，将问题分解为不同的组成因素，并按照因素间的相互关系以及隶属层次将因素按不同层次聚集组合，形成一个多级递阶模型。然后根据系统的特点和基本原则，对同属一级的要素以上一级的要素为准则进行两两比较，根据评估尺度确定其相对重要度（权重）。权重计算可以请有经验的专家对各层次各因素的相对重要性给出定量指标，也可以利用数学方法并综合专家意见给出各层次各因素的权值。最后，根据各单项评估指标的权重，以及在单项指标作用下系统的价值，通过加权得出综合指标。层次分析法因其简单直观、使用方便的特点，在多层次多指标评价中得到广泛的应用。

层次分析法的基本过程，大体可以分为如下 6 个基本步骤：

（一）建立多层次多指标评价指标体系

在这一步骤中，要求将一个评价问题进行逐级分解，把每一级作为一个层次，按照最高层、若干中间层以及最低层的形式排列起来。在这里我们将金融创新这个一级指标作为最高层，并将其分解为金融机构创新、金融市场创新、金融产品创新、金融治理创新 4 个二级指标构成的第 2 层，将金融机构创新继续分解为金融人才创新、金融技术创新 2 个三级指标构成的第 3 层；接下来将金融人才创新继续分解为金融从业人员规模、金融从业人员水平 2 个四级指标构成的第 4 层，将金融技术创新继续分解为金融研发强度、金融技术发展水平、引进技术的吸收能力 3 个四级指标构成的第 4 层。其他指标分解是类似的，不再赘述。

（二）构造判断矩阵

这一个步骤是层次分析法的关键步骤。判断矩阵表示针对上一层次中的某个指标而言，评定该层次中各有关下属指标相对重要性的状况。设有 n 个指标，$\{A_1, A_2, \cdots, A_n\}$，$a_{ij}$ 表示 A_i 相对于 A_j 的重要程度判断值。a_{ij} 一般取 1，3，5，7，9 等 5 个等级标度，其意义为：1 表示 A_i 与 A_j 同等重要；3 表示 A_i 较 A_j 重要一点；5 表示 A_i 较 A_j 重要得多；7 表示 A_i 较 A_j 更重要；9 表示 A_i 较 A_j 极端重要。而 2，4，6，8 表示相邻判断的中值，当 5 个等级不够用时，可以使用这几个数值。

以矩阵形式表示为判断矩阵 A：

$$A=\begin{pmatrix} \frac{w_1}{w_1} & \cdots & \frac{w_1}{w_n} \\ \vdots & \ddots & \cdots \\ \frac{w_n}{w_1} & \cdots & \frac{w_n}{w_n} \end{pmatrix} \qquad 式（3-1）$$

对于任何判断矩阵都满足：

$$a_{ij}=\begin{cases} 1 & i=j \\ \frac{1}{a_{ij}} & i\neq j \end{cases} \quad (i,\ j=1,\ 2,\ \cdots,\ n) \qquad 式（3-2）$$

因此，在构造判断矩阵时，只需写出上三角（或下三角）部分即可。

（三）层次单排序

层次单排序的目的是对于上层次中的某指标而言，确定本层次与之有联系的指标重要性的次序。它是本层次所有指标对上一层次而言的重要性排序的基础。

若取权重向量 $W=[w_1,\ w_2,\ \cdots,\ w_n]^T$，则有：

$$AW=\lambda W \qquad 式（3-3）$$

λ 是 A 的最大正特征值，那么 W 是 A 的对应 λ 的特征向量。从而层次单排序转化为求解判断矩阵的最大特征值 λ_{max} 和它所对应的特征向量，就可以得出这一组指标的相对权重。

计算矩阵的最大特征根及其对应的特征向量的方法有多种，如有根法、和法、特征根法、最小二乘法等。

（四）层次单排序的一致性检验

所谓判断矩阵的一致性是指专家在判断指标重要性时，各判断之间的协调一致，不致出现相互矛盾的现象和结果。为了检验判断矩阵的一致性，需要计算它的一致性指标：

$$CI=\frac{\lambda_{max}-n}{n-1} \qquad 式（3-4）$$

当 CI=0 时，判断矩阵具有完全一致性；反之，CI 值愈大，则判断矩阵的一致性就愈差。

为了检验判断矩阵是否具有令人满意的一致性，则需要将 CI 与平均随机一致性指标 RI（见表 3-1）进行比较。一般而言，1 阶或 2 阶判断矩阵总是具有完全一致性的。对于 2 阶以上的判断矩阵，其一致性指标 CI 与同阶的平均随机一致性指标 RI 之比，称为判断矩阵的随机一致性比例，记为 CR。一般地，当：

$$CR = \frac{CI}{RI} < 0.10 \qquad \text{式（3-5）}$$

时，认为判断矩阵具有令人满意的一致性；否则，当 CR≥0.10 时，就需要调整判断矩阵，直到满意为止。

表 3-1　平均随机一致性指标 RI

阶数	1	2	3	4	5	6	7
RI	0	0	0.58	0.90	1.12	1.24	1.32
8	9	10	11	12	13	14	15
1.41	1.45	1.49	1.52	1.54	1.56	1.58	1.59

（五）层次总排序

利用同一层次中所有层次单排序的结果，就可以计算针对上一层次而言的本层次所有指标的重要性权重值，这就称为层次总排序。层次总排序需要从上到下逐层顺序进行。对于最高层，其层次单排序就是其总排序。

若上一层次所有指标 A_1，A_2，…，A_m 的层次总排序已经完成，得到的权重值分别为 a_1，a_2，…，a_m 与 a_j 对应的本层次元素 B_1，B_2，…，B_n 的层次单排序结构 $[b_1^j, b_2^j, \cdots, b_n^j]^T$，这里，当 B_i 与 A_j 无联系时，$b_i^j = 0$。那么，得到的层次总排序见表 3-2。

表 3-2　层次总排序

层次 A / 层次 B	A_1，A_2，…，A_m	B 层次的总排序
	a_1，a_2，…，a_m	
B_1	$b_1^1 b_1^2 \cdots b_1^m$	$\sum_{j=1}^{m} a_j b_1^j$
B_2	$b_2^1 b_2^2 \cdots b_2^m$	$\sum_{j=1}^{m} a_j b_2^j$
⋮	⋮	⋮
B_n	$b_n^1 b_n^2 \cdots b_n^m$	$\sum_{j=1}^{m} a_j b_n^j$

（六）层次总排序的一致性检验

为了评估层次总排序的计算结果的一致性，类似于层次单排序，也需要进行一致性检验。

$$CI = \sum_{j=1}^{m} a_i CI_j \qquad \text{式（3-6）}$$

$$RI = \sum_{j=1}^{m} a_j RI_j \qquad \text{式（3-7）}$$

$$CR = \frac{CI}{RI} \qquad \text{式（3-8）}$$

CI 为层次总排序的一致性指标，CI_j 为与 a_j 对应的 B 层次中判断矩阵的一致性指标；RI 为层次总排序的随机一致性指标，RI_j 为与 a_j 对应的 B 层次中判断矩阵的随机一致性指标；CR 为层次总排序的随机一致性比例。同样，当 $CR<0.10$ 时，则认为层次总排序的计算结果具有令人满意的一致性；否则，就需要对本层次的各判断矩阵进行调整，从而使层次总排序有令人满意的一致性。

二、金融创新指标权重设置

使用层次分析法对“金融机构创新”“金融市场创新”“金融产品创新”及“金融治理创新”4 个二级指标赋权，相应的，对“金融机构创新”“金融市场创新”“金融产品创新”及“金融治理创新”下属三级指标及四级指标均使用层次分析法赋予权重，具体权重设置见表 3-3。

表 3-3　金融创新指标权重

一级指标	二级指标	三级指标	四级指标
金融创新	金融机构创新（39.05）	金融人才创新（33.33）	金融从业人员规模（33.33） 金融从业人员水平（66.67）
		金融技术创新（66.67）	金融研发强度（38.74） 金融技术发展水平（44.34） 引进技术的吸收能力（16.92）
	金融市场创新（27.61）	金融创新环境（33.33）	服务业发展程度（31.08） 金融发展程度（49.34） 通货膨胀水平（19.58）
		金融市场活跃程度（66.67）	金融创新市场规模（44.34） 资金配置效率（38.74） 技术市场发育程度（16.92）

续表

一级指标	二级指标	三级指标	四级指标
金融创新	金融产品创新（19.53）	普惠金融创新（66.67）	金融服务可获得程度（8.09） 金融服务渗透程度（53.51） 人均存款规模（16.92） 人均贷款规模（11.40）
		绿色金融创新（33.33）	绿色信贷（20.00） 绿色证券（20.00） 绿色投资（20.00） 绿色保险（20.00） 碳金融（20.00）
	金融治理创新（13.81）	金融制度创新（33.33）	金融对外开放水平（50.00） 金融对内开放水平（50.00）
		金融监管创新（66.67）	政府调控能力（84.29） 金融抗风险能力（15.71）

三、区域金融创新测度

（一）区域划分与数据来源

因我国西藏自治区相关数据缺失较多，本书选取了2008~2017年我国30个省市区为研究样本，按经济区域划分标准，将其划分为东部地区、中部地区、西部地区和东北地区共四个区域，如表3-4所示。数据源自2009~2018年《中国统计年鉴》、《中国金融年鉴》、《区域金融运行报告》、各省市《国民经济和社会发展统计公报》。对于少量缺失的数据采用3年平均数补齐。

表3-4 区域划分

区域	省市区
东部地区（10个）	北京、天津、江苏、浙江、上海、河北、山东、广东、福建、海南
中部地区（6个）	山西、安徽、江西、河南、湖北、湖南
西部地区（11个）	重庆、四川、云南、青海、贵州、宁夏、广西、陕西、甘肃、新疆、内蒙古
东北地区（3个）	辽宁、黑龙江、吉林

（二）区域金融创新测度

区域金融创新指标按性质分为正向指标和逆向指标，正向指标是代表金融创新向上或向前发展、增长的指标，这些指标值越大金融创新评价就越好。逆向指标是代表金融创新向下或向后恶化的指标，这些指标值越小金融创新评价就越好。区域金融创新指标具体测度见表 3-5，从金融机构创新、金融市场创新、金融产品创新以及金融治理创新四个方面选取 25 个指标对金融创新进行衡量。

在测算普惠金融指数时，本节先由变异系数法确定普惠金融指数中各指标所占权重，再进行普惠金融指数的测算，具体测算公式见式（3-9）：

$$d_i = \omega_i * \frac{x_i - min}{max - min} \quad 式（3-9）$$

ω_i 表示各指标所占权重，x_i 表示第 i 个指标的样本观测值，max 表示第 i 个指标中最大的样本观测值，min 表示第 i 个指标中最小的样本观测值。假设共取 m 个指标用以计算普惠金融指数，则普惠金融创新水平可用 m 维笛卡尔空间中的点 $X = (d_1, d_2, d_3, \cdots, d_m)$ 来表示，普惠金融指数（IFI）可用反欧几里得距离表示，计算公式见式（3-10）：

$$IFI = 1 - \frac{\sqrt{(\omega_1 - d_1)^2 + (\omega_2 - d_2)^2 + \cdots + (\omega_n - d_n)^2}}{\sqrt{\omega_1^2 + \omega_2^2 + \cdots + \omega_n^2}} (i = 1, 2, \cdots, n) \quad 式（3-10）$$

本节在借鉴曾学文（2014）绿色金融发展水平评价的基础上，选取了绿色信贷、绿色证券、绿色投资、绿色保险和碳金融五个方面来衡量绿色金融创新，其中对于碳金融的测度，参考朱婧（2016）的测算方法来测算二氧化碳的排放量。

考虑到选取的“金融机构创新”“金融市场创新”“金融产品创新”及“金融治理创新”四个指标性质不同，直接加总后不能反映出不同作用力 的综合结果，故本节采用极值法将各变量的原始数据进行无量纲化处理，并赋予一定的权重加总以获得金融创新指数，金融创新指标计算如下：

第一步，原始数据的标准化处理，将用极值法对原始指标做标准化处理，具 体计算方法见式（3-11）和式（3-12）：

正向指标：

$$X_{ij}=\frac{x_{ij}-\min x_i}{\max x_i-\min x_i}(i=1, 2, \cdots, n; j=1, 2, \cdots, m)$$

式（3-11）

逆向指标：

$$X_{ij}=\frac{\max x_i-x_{ij}}{\max x_i-\min x_i}(i=1, 2, \cdots, n; j=1, 2, \cdots, m)$$

式（3-12）

式（3-11）、式（3-12）中的 X_{ij} 为 j 省份中第 i 指标被标准化后的数值，x_{ij} 是 j 省份中第 i 指标原始数值，$\min x_i$ 是所有省份中第 i 指标的最小值，$\max x_i$ 是所有省份中第 i 指标的最大值。

第二步，使用层次分析法，计算各指标的权重与金融创新指数值。层次分析法是定性、定量分析相结合的一种方法，依据所研究变量复杂系统各指标间的关系，对指标体系按层级顺序分成不同的层次结构，并建立判断矩阵，根据一致性比率对该矩阵的逻辑一致性进行判断，然后利用数学方法，求解该层次的所有指标对上一层次对应指标的权重，将该权重与对应的指标值相乘，得到上一层对应指标的评价值。最后，得出最终的金融创新指标数值，见表 3-5。

表 3-5　金融创新指标具体测度

三级指标	四级指标	具体测度	指标性质
金融人才创新	金融人员从业规模	金融机构从业人员数	+
	金融人员从业水平	金融机构人员平均受教育年限	+
金融技术创新	金融研发强度	金融研发经费支出/GDP	+
	金融技术发展水平	金融创新成果价值/R&D 经费	+
	引进技术吸收能力	吸收经费支出/技术引进经费	+
金融创新环境	服务业发展程度	第三产业增加值/GDP	+
	金融发展程度	金融机构存贷款数/GDP	+
	通货膨胀水平	居民消费价格指数	-
金融市场活跃程度	金融市场发展规模	股票市场交易额/GDP	+
	资金配置效率	金融机构存贷比	+
	技术市场发育程度	技术市场成交额/GDP	+

续表

三级指标	四级指标	具体测度	指标性质
普惠金融创新	金融服务可获得程度	银行业金融机构/万人口	+
	金融服务渗透程度	银行业机构/万平方千里	+
	保险深度	保险费收入/GDP	+
	人均存款规模	人均存款/人均 GDP	+
	人均贷款规模	人均贷款/人均 GDP	-
绿色金融创新	绿色信贷	规模以上高耗能企业利息支出/规模以上工业企业利息支出	-
	绿色证券	环保企业 A 股市值/A 股总市值	+
	绿色投资	环境污染治理投资总额/GDP	+
	绿色保险	农业保险收入/财产险收入	+
	碳金融	二氧化碳排放量/GDP	-
金融制度创新	金融对外开放水平	外商直接投资额/GDP	+
	金融对内开放水平	私营企业贷款额/GDP	+
金融监管创新	政府调控能力	贷款干预度（财政支出/GDP）	+
		财政依存度（财政收入/GDP）	-
	金融抗风险能力	银行不良资产比率	-

按照上面金融创新指标的测算方法计算得到2008~2017年我国30个省市区金融创新综合指数，如表3-6所示。

表 3-6　2008~2017 年 30 个省市区金融创新综合指数

地区	2008 年	2009 年	2010 年	2011 年	2012 年	2013 年	2014 年	2015 年	2016 年	2017 年
北京	0.5099	0.4987	0.4927	0.4690	0.4694	0.4829	0.4973	0.5137	0.4842	0.5619
天津	0.4428	0.4410	0.4303	0.4369	0.4389	0.4636	0.4771	0.4596	0.3687	0.3941
河北	0.1805	0.1846	0.1678	0.1615	0.1658	0.1716	0.1861	0.2084	0.1891	0.2019
上海	0.4952	0.4775	0.4928	0.4784	0.4769	0.4822	0.4985	0.4791	0.4487	0.4867
江苏	0.3400	0.3286	0.3264	0.3373	0.3318	0.3221	0.3171	0.3168	0.2947	0.3141
浙江	0.2712	0.2692	0.2519	0.2482	0.2440	0.2508	0.2657	0.2803	0.2596	0.2779
福建	0.2361	0.2430	0.2222	0.2206	0.2112	0.2071	0.2140	0.2235	0.203	0.2267
山东	0.2163	0.2102	0.2082	0.2223	0.2205	0.2255	0.2288	0.241	0.2311	0.2679
广东	0.3435	0.3418	0.3274	0.3134	0.3327	0.3398	0.3466	0.3519	0.3382	0.3617

续表

地区	2008 年	2009 年	2010 年	2011 年	2012 年	2013 年	2014 年	2015 年	2016 年	2017 年
海南	0. 3037	0. 2989	0. 3088	0. 2769	0. 2747	0. 3079	0. 2906	0. 2969	0. 2657	0. 2891
山西	0. 218	0. 2295	0. 2088	0. 2075	0. 2256	0. 2460	0. 2366	0. 2576	0. 2538	0. 2443
安徽	0. 2310	0. 2339	0. 2169	0. 2334	0. 2429	0. 2636	0. 2707	0. 281	0. 2454	0. 2856
江西	0. 2493	0. 2609	0. 2307	0. 2588	0. 2594	0. 2923	0. 2908	0. 2945	0. 2754	0. 32
湖南	0. 2300	0. 2254	0. 1863	0. 1910	0. 2071	0. 2174	0. 2227	0. 231	0. 2175	0. 2556
湖北	0. 2371	0. 2293	0. 2066	0. 2064	0. 2257	0. 2244	0. 2329	0. 2422	0. 2305	0. 2591
河南	0. 1908	0. 2014	0. 1724	0. 2035	0. 2164	0. 2390	0. 2449	0. 2377	0. 215	0. 2471
重庆	0. 2275	0. 2471	0. 2616	0. 2899	0. 2736	0. 2734	0. 2846	0. 2738	0. 2498	0. 2536
四川	0. 2167	0. 2293	0. 2293	0. 2285	0. 2426	0. 2617	0. 2531	0. 2595	0. 2281	0. 2367
贵州	0. 2868	0. 2811	0. 2655	0. 2325	0. 2136	0. 2697	0. 2785	0. 2746	0. 2579	0. 2467
云南	0. 2004	0. 2268	0. 2270	0. 1995	0. 2172	0. 2378	0. 2210	0. 2303	0. 214	0. 2245
广西	0. 2011	0. 2082	0. 1971	0. 1742	0. 1712	0. 1868	0. 2012	0. 2175	0. 2067	0. 2054
陕西	0. 2713	0. 2757	0. 2566	0. 2440	0. 2530	0. 2730	0. 2612	0. 2734	0. 2514	0. 2608
甘肃	0. 2801	0. 2871	0. 2508	0. 2152	0. 2220	0. 2593	0. 2603	0. 307	0. 4168	0. 3054
青海	0. 2637	0. 2939	0. 2981	0. 3092	0. 3094	0. 2596	0. 3080	0. 2864	0. 2805	0. 2753
宁夏	0. 2584	0. 2648	0. 2448	0. 2143	0. 1859	0. 2073	0. 2178	0. 2394	0. 2396	0. 2459
新疆	0. 2646	0. 2909	0. 2824	0. 2581	0. 2318	0. 2799	0. 2838	0. 2988	0. 2881	0. 2951
内蒙古	0. 2118	0. 2139	0. 2091	0. 1990	0. 1890	0. 1883	0. 1863	0. 1933	0. 1925	0. 2075
辽宁	0. 3369	0. 3341	0. 3339	0. 3357	0. 3325	0. 3308	0. 3078	0. 2193	0. 2467	0. 2881
吉林	0. 2493	0. 2435	0. 2226	0. 2024	0. 2094	0. 2050	0. 2084	0. 2197	0. 2116	0. 2246
黑龙江	0. 2783	0. 2707	0. 2442	0. 2250	0. 2462	0. 2596	0. 2566	0. 2562	0. 2383	0. 2612

第二节　金融创新的区域差异分析

一、金融创新的总体差异分析

（一）金融创新的时间差异分析

2008~2017 年我国东部、中部、西部、东北地区及全国的金融创新情况见

表 3-7。从时间演化趋势来看，2008~2017 年全国金融创新水平呈现出较小幅度的波动并缓慢上升，总体增幅变化不大，处于较为平稳的状态。从全国的平均值来看，2008 年金融创新综合指数为 0.2747，2017 年为 0.2842，总体增加了 0.0095。最高值为 2017 年的 0.2842，最低值为 2011 年的 0.2598，十年间最高和最低值仅相差 0.0244，表明全国的金融创新水平总体提高不多，且仍处在较低水平，发展提升的空间较大。

表 3-7　2008~2017 年四大地区及全国金融创新综合指数

年份	东部地区	中部地区	西部地区	东北地区	全国
2008	0.3339	0.2260	0.2439	0.2882	0.2747
2009	0.3293	0.2301	0.2563	0.2828	0.2780
2010	0.3229	0.2036	0.2475	0.2669	0.2658
2011	0.3165	0.2168	0.2331	0.2544	0.2598
2012	0.3166	0.2295	0.2281	0.2627	0.2614
2013	0.3254	0.2471	0.2452	0.2652	0.2743
2014	0.3322	0.2498	0.2505	0.2576	0.2783
2015	0.3371	0.2573	0.2595	0.2317	0.2821
2016	0.3083	0.2396	0.2569	0.2322	0.2681
2017	0.3382	0.2686	0.2506	0.2580	0.2842

为直观反映金融创新整体水平，本书利用 2008~2017 年东部、中部、西部、东北地区及全国的金融创新综合指数均值，绘制了图 3-1。从图 3-1 中可以看出，十年间东部金融创新整体水平远高于全国金融创新水平，中部、西部、东北地区金融创新水平接近或低于全国金融创新水平。2008~2012 年，中部、西部地区低于全国金融创新水平，差距较大，东北地区几乎与全国金融创新水平持平；2013~2017 年中部、西部地区与全国金融创新水平的差距逐渐缩小，东北地区却低于全国金融创新水平且差距是先扩大后缩小。

（二）金融创新的空间差异分析

为直接反映各地区金融创新水平，并可以直观比较当前中国各地区金融创新水平的差异，对其金融创新水平情况进行了基本分类，并划分为低水平层次

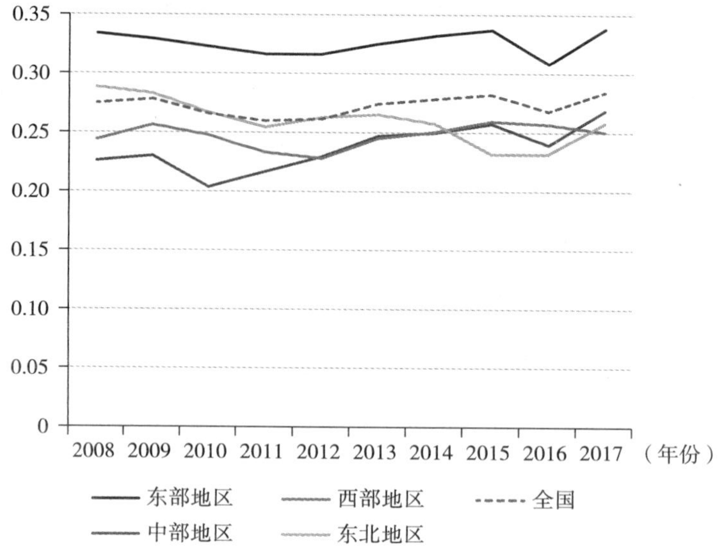

图 3-1　2008~2017 年四大区域及全国金融创新水平时间演变趋势

（0.182≤金融创新综合指数<0.251）、中水平层次（0.251≤金融创新综合指数≤0.288）、较高水平层次（0.288<金融创新综合指数≤0.435）、高水平层次（金融创新综合指数>0.435）四个等级，并依据其划分结果，可以得出全国 30 个省市区金融创新水平的层次划分，具体如表 3-8 所示。

表 3-8　全国 30 个省市区金融创新水平的层次划分

类型	高水平层次	较高水平层次	中水平层次	低水平层次
省市区	北京、上海	天津、广东、江苏、辽宁、海南	浙江、重庆、黑龙江、安徽、贵州、陕西、江西、新疆、甘肃、青海	河北、广西、内蒙古、河南、湖南、吉林、云南、福建、山东、湖北、宁夏、山西、四川

金融创新处于高水平层次的地区主要包括北京和上海。2008~2017 年，北京和上海得分均值分别达到 0.4980 和 0.4816，在国内遥遥领先。主要因为北京和上海在推动金融创新上获得了实质性进展。北京集国家金融决策中心、行业标准制定中心、信息集散中心与监管中心为一体；北京是国务院金融稳定发展委员会、“一行两会”、国家外汇管理局等金融管理部门所在地，是国家发展和改革委员会、财政部等宏观经济管理部门所在地，是中国经济金融运行的“大

脑”，国家金融管理中心的金融决策、资产管理、支付清算、信息交流、标准制定等功能显著；北京也是全国最大的债券发行定价中心，公司债、企业债、债务融资工具及资产证券化产品的发行监管和登记注册机构都在北京；新三板是继上海、深圳之后第三家全国性证券交易场所。总之，北京金融创新发展态势良好。上海属于改革开放前沿城市，定位为国际金融中心，上海证券交易所、上海黄金交易所、上海期货交易所、中国金融期货交易所、中国外汇交易中心等设在上海，集聚了股票、债券、货币、外汇、黄金、期货、票据、保险等各类金融要素市场，已成为国际上金融市场门类最为完备的城市；同时，各要素市场国际化程度稳步提升，“沪港通”、“沪伦通”、“黄金国际板”、“债券通”、“科创板”、原油期货等相继落地；中外各类金融机构不断汇聚，全球各大金融机构、国际金融组织基本都在北京设立营业性分支机构或代表处，金融机构整体实力不断增强；得益于数量众多的高校及科研机构，上海通过“产学研”一体化价值链整合，培育出一大批金融分析师、精算师、保险师、风险评估师和金融监管等人才，高质量金融人才持续增加，金融创新活力十足。

金融创新处于较高水平层次的地区主要包括天津、广东、江苏、辽宁和海南。2008~2017 年，五地得分均值分别达到 0. 4353、0. 3397、0. 3229、0. 3066 和 0. 2913，在国内处于比较领先的地位。天津是四大直辖市之一，毗邻北京，易受北京的金融创新溢出影响，是国内碳金融发展的先驱，正在探索走出一条具有天津特色的绿色金融发展之路。广东省内的广州和深圳两大城市大力发展金融业，并将其作为自身重要的支柱产业来发展；广州每年举办的中国进出口商品交易会吸引了大量客商以及大量外资企业、世界 500 强企业的投资，广州市大力实施“金融强市”战略，使金融业综合实力跃居全国大城市前列；深圳是中国三大全国性金融中心之一，1980 年成为中国设立的第一个经济特区，在中国的制度创新、扩大开放等方面肩负着试验和示范的重要使命，深圳证券交易场所是第二家全国性证券交易场所，形成了以主板、中小板、创业板及 OTC 市场相协调的金融体系架构；广州和深圳是中国通往世界的南大门，是粤港澳大湾区的中心城市，吸引大批金融科技企业扎根，推动着金融业的创新发展。江苏作为金融大省，银行存贷款增量、保费收入、保费规模、上市公司数量等多年来均位于全国前列，基本建立起创投、担保、小贷、产权交易、互联网金融等服务功能完备的金融体系，近年来通过推动泰州金改试验区、宜兴市绿色金融改革创新试验区、昆山两岸金融创新合作综合改革试验区建设，区域金融改革创新有序推进。辽宁是新中国工业的摇篮，沈阳的金融机构密度和资金总量居东北各城市之首，是东北三省的货币集散地和储存调拨中心，同时是金融中心建设的核心区和先导区，沈阳金融商贸开发区是全国除上海陆家嘴金融商贸区以外，唯一以金融商贸为属性的开发区，也是东北唯一的科技金融产品创新研发中心；国家实施东北老工业基地振兴战略以来，辽宁加快推动金融体制改革和创新，改善金融环境，优化金融布局，以金融改革和创新驱动老工业基地经济社会的持续健康发展。发挥生态立省、经济特区、国际旅游岛三大优势，抓住“一带一路”“互联网+”“南海开发”建设战略机遇，增强金融业对实体经济的支撑力和渗透力，着力推动海洋金融、普惠金融、互联网金融、消费金融和跨境金融加快发展，提高金融要素集聚水平，金融业市场业态不断完善。特别是设立海南自由贸易港后，金融定位于服务跨境贸易投资的自由化和便利化，区域金融改革创新亮点频现。

金融创新处于中水平层次的地区主要包括浙江、重庆、黑龙江、安徽、贵州、陕西、江西、新疆、甘肃、青海。其中东部地区 1 个，中部地区 2 个，西部地区 6 个，东北地区 1 个，意味着在全国层面，这些地区金融创新处于中水平层次。虽然浙江金融创新处于中水平层次，但得益于金融科技的快速发展，诞生了蚂蚁金服等互联网金融领军企业，互联网金融创新位于全国前列。其他地区抓住西部大开发、东北老工业基地振兴、中部崛起等区域战略机遇，推动区域金融创新。

金融创新处于低水平层次的地区主要包括河北、广西、内蒙古、河南、湖南、吉林、云南、福建、山东、湖北、宁夏、山西、四川。其中东部地区 3 个，中部地区 4 个，西部地区 5 个，东北地区 1 个，意味着在全国层面，这些地区金融创新处于相对较低水平层次，金融机构或金融市场或金融产品等方面创新不够，区域金融创新有待进一步加强。

二、金融创新的子系统差异分析

下面分别从金融机构创新、金融市场创新、金融产品创新以及金融治理创新四个金融创新子系统进行分析。

（一）金融机构创新分析

金融机构的发展是金融市场增长与金融产品扩散的关键性因素，金融创新水平的提升必然离不开金融机构创新。2008~2017 年全国 30 个省市区金融机构创新水平如表 3-9 所示。

表 3-9 2008~2017 年全国 30 个省市区金融机构创新水平

地区	2008 年	2009 年	2010 年	2011 年	2012 年	2013 年	2014 年	2015 年	2016 年	2017 年	均值
北京	0. 8551	0. 8504	0. 8426	0. 8413	0. 8394	0. 8374	0. 837	0. 8335	0. 8361	0. 8385	0. 8411
天津	0. 5994	0. 5889	0. 5763	0. 5969	0. 6004	0. 6038	0. 6025	0. 5892	0. 6019	0. 5786	0. 5938
河北	0. 2333	0. 2406	0. 2179	0. 2059	0. 2013	0. 2071	0. 205	0. 2182	0. 2157	0. 225	0. 217
上海	0. 7441	0. 7407	0. 7236	0. 7318	0. 7192	0. 7119	0. 7323	0. 6917	0. 7122	0. 7227	0. 723
江苏	0. 4607	0. 4705	0. 4881	0. 5093	0. 5065	0. 5121	0. 5082	0. 5163	0. 5191	0. 5142	0. 5005
浙江	0. 3826	0. 3976	0. 3964	0. 3979	0. 4122	0. 4184	0. 4107	0. 4035	0. 416	0. 4139	0. 4049
福建	0. 2847	0. 3196	0. 3163	0. 322	0. 2986	0. 2973	0. 3046	0. 3072	0. 3034	0. 3191	0. 3073
山东	0. 331	0. 3369	0. 3308	0. 3374	0. 3395	0. 3485	0. 3561	0. 3567	0. 3718	0. 3744	0. 3483
广东	0. 553	0. 562	0. 561	0. 5455	0. 5707	0. 5569	0. 5646	0. 5719	0. 5853	0. 5895	0. 5661
海南	0. 1818	0. 186	0. 1676	0. 1689	0. 1801	0. 167	0. 1642	0. 1631	0. 1629	0. 1677	0. 1709
山西	0. 2541	0. 263	0. 2442	0. 2456	0. 2515	0. 2528	0. 2457	0. 2447	0. 2527	0. 2345	0. 2489
安徽	0. 173	0. 1974	0. 1812	0. 1958	0. 2146	0. 2195	0. 2384	0. 2452	0. 2301	0. 2305	0. 2126
江西	0. 2167	0. 2374	0. 1891	0. 2064	0. 2106	0. 2283	0. 2125	0. 2177	0. 2169	0. 2169	0. 2153
湖南	0. 2353	0. 2429	0. 2186	0. 2231	0. 2125	0. 2221	0. 2261	0. 2362	0. 2472	0. 256	0. 232
湖北	0. 279	0. 2912	0. 2948	0. 2997	0. 3001	0. 3036	0. 2968	0. 3059	0. 3022	0. 3038	0. 2977
河南	0. 2134	0. 2198	0. 1854	0. 206	0. 2061	0. 2135	0. 2234	0. 2196	0. 2186	0. 2338	0. 214
重庆	0. 2194	0. 236	0. 242	0. 2694	0. 2725	0. 2756	0. 3042	0. 3118	0. 3288	0. 342	0. 2802
四川	0. 2089	0. 2317	0. 2407	0. 2403	0. 2463	0. 248	0. 2395	0. 2417	0. 233	0. 2349	0. 2365
贵州	0. 0513	0. 0593	0. 047	0. 0426	0. 0316	0. 0433	0. 0534	0. 0498	0. 0408	0. 0511	0. 047
云南	0. 061	0. 0626	0. 0566	0. 053	0. 0635	0. 0513	0. 0445	0. 0692	0. 0596	0. 0627	0. 0584
广西	0. 1488	0. 1573	0. 132	0. 1496	0. 1364	0. 1396	0. 1463	0. 1376	0. 1354	0. 1229	0. 1406
陕西	0. 2889	0. 3076	0. 2943	0. 2745	0. 2776	0. 2833	0. 2762	0. 295	0. 287	0. 2771	0. 2861
甘肃	0. 0944	0. 1031	0. 1031	0. 0922	0. 0968	0. 0898	0. 0907	0. 1031	0. 0921	0. 0898	0. 0955
青海	0. 0883	0. 11	0. 0942	0. 0929	0. 0766	0. 0816	0. 0841	0. 0616	0. 0619	0. 0666	0. 0818
宁夏	0. 1723	0. 1789	0. 1509	0. 1487	0. 1388	0. 1476	0. 146	0. 1692	0. 1846	0. 19	0. 1627
新疆	0. 1646	0. 1642	0. 1432	0. 1558	0. 1355	0. 1167	0. 1288	0. 1177	0. 1114	0. 1229	0. 1361
内蒙古	0. 2306	0. 2444	0. 2495	0. 2532	0. 2451	0. 2244	0. 2227	0. 2337	0. 2502	0. 2362	0. 239
辽宁	0. 4151	0. 4114	0. 4084	0. 4061	0. 41	0. 4204	0. 4023	0. 3635	0. 3919	0. 3768	0. 4006
吉林	0. 3037	0. 3087	0. 289	0. 2626	0. 2553	0. 2527	0. 2537	0. 2429	0. 2444	0. 2352	0. 2648
黑龙江	0. 3182	0. 3213	0. 3066	0. 2801	0. 2726	0. 2806	0. 2676	0. 251	0. 2404	0. 2206	0. 2759

从金融机构创新水平发展的时间演化来看，2008~2017 年中国金融机构创新发展水平呈现小步提升的趋势，由 2008 年的 0.2921 上升到 2017 年的 0.2949，见表 3-10。

表 3-10　2008~2017 年四大区域和全国金融机构创新

年份	东部地区	中部地区	西部地区	东北地区	全国
2008	0.4626	0.2286	0.1571	0.3457	0.2921
2009	0.4693	0.2420	0.1686	0.3471	0.3014
2010	0.4621	0.2189	0.1594	0.3347	0.2897
2011	0.4657	0.2294	0.1611	0.3163	0.2918
2012	0.4668	0.2326	0.1564	0.3127	0.2907
2013	0.4660	0.2400	0.1547	0.3179	0.2918
2014	0.4685	0.2405	0.1579	0.3079	0.2929
2015	0.4651	0.2449	0.1628	0.2858	0.2923
2016	0.4724	0.2446	0.1622	0.2922	0.2951
2017	0.4744	0.2459	0.1633	0.2775	0.2949

就四大区域而言，2008~2017 年东部、中部、西部地区金融机构创新发展水平与全国金融机构创新发展水平呈现相似的小步提升的趋势，但东北地区金融机构创新发展水平明显呈现下降趋势。东部地区金融机构创新发展水平在四大区域中最高且高于全国金融机构创新发展水平，东北地区金融机构创新发展水平在四大区域中排名第二，中部地区金融机构创新发展水平在四大区域中排名第三，西部地区金融机构创新发展水平明显偏低，见图 3-2。

从金融机构创新水平的空间格局来看，高水平的金融机构创新多集中于东部地区，金融机构创新水平较低的地区主要集中于中西部地区。依据具体的空间分布格局可以看出，金融机构创新水平排名前六位的地区分别为北京（0.8411）、上海（0.7230）、天津（0.5938）、广东（0.5661）江苏（0.5005）和浙江（0.4049），且均隶属于东部地区，主要原因在于该类地区作为发达地区，金融机构和金融人才数量较多，在全国处于遥遥领先的地位。与之对应的是金融机构创新水平得分最低的六个地区，分别为贵州（0.047）、云南（0.0584）、青海（0.0818）、甘肃（0.0955）、新疆（0.1361）和广西（0.1406），都集中在西部地区，这主要是因为当地的金融机构和金融人才数量较少，对于金融机构

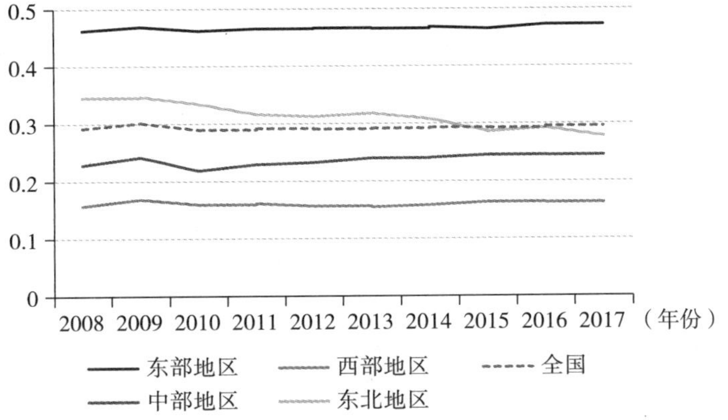

图 3-2 2008~2017 年四大区域及全国金融机构创新水平时间演变趋势

创新水平的提升作用并不明显。总的来看，中国金融机构创新水平存在明显的地域差异性，且呈现东部地区遥遥领先、中部和东北地区居中，而西部地区相对落后的格局。

（二）金融市场创新分析

金融市场创新是金融创新的重要体现，金融创新离不开活跃的金融市场创新。2008~2017 年全国 30 个省市区金融市场创新水平如表 3-11 所示。

表 3-11 2008~2017 年金融市场创新水平

地区	2008 年	2009 年	2010 年	2011 年	2012 年	2013 年	2014 年	2015 年	2016 年	2017 年	均值
北京	0. 3100	0. 3015	0. 3074	0. 2314	0. 2251	0. 2677	0. 3055	0. 3450	0. 2252	0. 4425	0. 2961
天津	0. 3801	0. 4032	0. 4127	0. 3825	0. 3778	0. 4500	0. 4979	0. 4531	0. 1534	0. 2523	0. 3763
河北	0. 1245	0. 1370	0. 1191	0. 0864	0. 1097	0. 1046	0. 1589	0. 2188	0. 1645	0. 1922	0. 1416
上海	0. 2859	0. 2612	0. 3217	0. 2577	0. 2839	0. 3195	0. 3276	0. 3071	0. 1915	0. 2896	0. 2846
江苏	0. 2581	0. 2232	0. 2090	0. 1771	0. 1878	0. 1529	0. 1468	0. 1335	0. 0542	0. 1111	0. 1654
浙江	0. 1801	0. 1797	0. 1375	0. 1042	0. 1067	0. 1175	0. 1687	0. 2047	0. 1118	0. 1614	0. 1472
福建	0. 2030	0. 1893	0. 1430	0. 0987	0. 1205	0. 1104	0. 1513	0. 1707	0. 0944	0. 1340	0. 1415
山东	0. 0897	0. 0667	0. 0909	0. 0980	0. 1018	0. 1012	0. 1170	0. 1496	0. 0927	0. 1941	0. 1102
广东	0. 1681	0. 1648	0. 1223	0. 1155	0. 1261	0. 1629	0. 1828	0. 1775	0. 1108	0. 1720	0. 1503
海南	0. 5262	0. 5321	0. 6290	0. 5016	0. 4699	0. 6125	0. 5540	0. 5789	0. 4604	0. 5174	0. 5382
山西	0. 2342	0. 2887	0. 2529	0. 2218	0. 2652	0. 3299	0. 3202	0. 3755	0. 3244	0. 3099	0. 2923

续表

地区	2008年	2009年	2010年	2011年	2012年	2013年	2014年	2015年	2016年	2017年	均值
安徽	0.3185	0.2975	0.2846	0.2902	0.3103	0.3631	0.3631	0.3843	0.2760	0.3786	0.3266
江西	0.3189	0.3494	0.3269	0.3560	0.3791	0.4685	0.4844	0.4757	0.3797	0.4750	0.4014
湖南	0.2243	0.2219	0.1654	0.1417	0.2054	0.2215	0.2362	0.2382	0.1833	0.2876	0.2126
湖北	0.1807	0.1604	0.1106	0.0879	0.1461	0.1287	0.1774	0.1971	0.1591	0.2410	0.1589
河南	0.1530	0.1875	0.1715	0.2114	0.2383	0.2922	0.2999	0.275	0.1920	0.2556	0.2277
重庆	0.2436	0.2924	0.2620	0.2740	0.2500	0.2316	0.2433	0.2212	0.1347	0.1374	0.229
四川	0.2281	0.2561	0.2704	0.2426	0.2810	0.3298	0.3187	0.3429	0.2409	0.2560	0.2767
贵州	0.6666	0.6666	0.6709	0.5373	0.5010	0.677	0.6757	0.6734	0.6201	0.5756	0.6264
云南	0.3824	0.4802	0.5336	0.4273	0.4617	0.548	0.4964	0.5003	0.4557	0.4781	0.4764
广西	0.2864	0.3115	0.3014	0.2124	0.2142	0.2686	0.3080	0.3472	0.2972	0.2931	0.2840
陕西	0.3097	0.3259	0.3076	0.2836	0.2915	0.3445	0.3173	0.3267	0.2505	0.2815	0.3039
甘肃	0.5873	0.6215	0.5437	0.4150	0.4066	0.5333	0.5259	0.675	0.9999	0.6865	0.5995
青海	0.4844	0.5965	0.6652	0.6818	0.6891	0.489	0.6556	0.5892	0.5442	0.5084	0.5903
宁夏	0.3909	0.4127	0.4356	0.3325	0.2263	0.297	0.3329	0.3635	0.3216	0.3227	0.3436
新疆	0.4259	0.538	0.5800	0.4580	0.3931	0.578	0.5655	0.6253	0.5857	0.5702	0.532
内蒙古	0.1780	0.1759	0.1943	0.1249	0.0933	0.1114	0.1401	0.1571	0.1249	0.1707	0.1471
辽宁	0.3263	0.345	0.3552	0.3599	0.3539	0.3134	0.2648	0.0407	0.0822	0.2362	0.2678
吉林	0.1976	0.2018	0.1703	0.1213	0.1625	0.1521	0.1538	0.198	0.1525	0.1893	0.1699
黑龙江	0.2675	0.2525	0.2047	0.1504	0.2251	0.2385	0.2666	0.2847	0.2238	0.2990	0.2413

从金融市场创新水平发展的时间演化来看，2008~2017年中国金融市场创新发展水平呈现小步提升的趋势，由2008年的0.2977上升到2017年的0.3140，见表3-12。

表3-12 2008~2017年四大区域及全国金融市场创新水平

年份	东部地区	中部地区	西部地区	东北地区	全国
2008	0.2526	0.2383	0.3803	0.2638	0.2977
2009	0.2459	0.2509	0.4252	0.2664	0.3147
2010	0.2493	0.2187	0.4332	0.2434	0.3100
2011	0.2053	0.2182	0.3627	0.2105	0.2661

续表

年份	东部地区	中部地区	西部地区	东北地区	全国
2012	0.2109	0.2574	0.3462	0.2472	0.2734
2013	0.2399	0.3007	0.4008	0.2347	0.3105
2014	0.2610	0.3135	0.4163	0.2284	0.3252
2015	0.2739	0.3243	0.4383	0.1745	0.3343
2016	0.1659	0.2524	0.4159	0.1528	0.2736
2017	0.2467	0.3246	0.3891	0.2415	0.3140

就四大区域而言，2008~2017年西部地区金融市场创新发展水平在四大区域中最高且高于全国金融市场创新发展水平，中部地区金融市场创新与全国金融市场创新发展水平差距逐渐缩小且在2017年超出0.0106，东部和东北地区金融市场创新发展水平明显低于全国金融市场创新发展水平，见图3-3。造成这种现象的原因可能是，中西部地区原先的金融市场发育尚不够充分，其金融市场创新相对容易且创新空间大，而东部和东北地区原先的金融市场发育比较充分，故其金融市场创新进展不大。

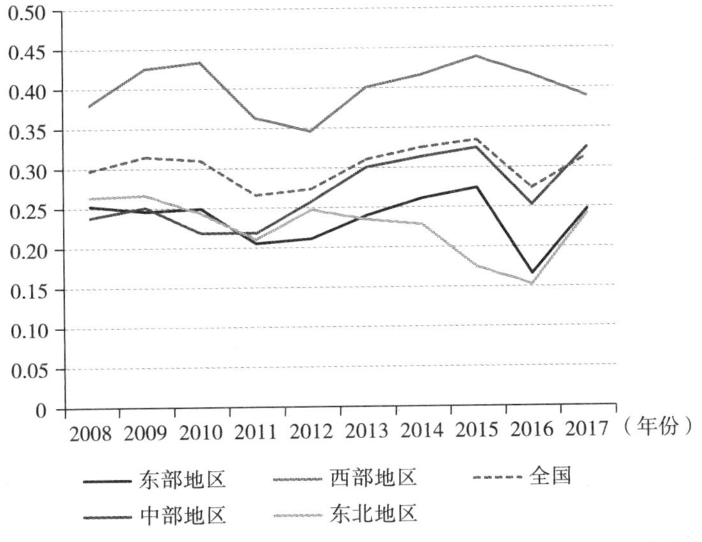

图3-3　2008~2017年四大区域及全国金融市场创新水平时间演变趋势

从金融市场创新水平具体的空间格局来看，金融市场创新水平排名前五位的地区分别为贵州（0.6264）、甘肃（0.5995）、青海（0.5903）、海南

（0.5382）、新疆（0.5320），高水平的金融市场创新地区主要集中于西部地区。与之对应的是创新发展水平得分最低的三个地区，分别为山东（0.1102）、福建（0.1416）、河北（0.1415），低水平的金融市场创新地区主要集中于东部地区。

（三）金融产品创新分析

金融投资者对投资产品的需要是多样化和动态变化的，这就需要金融产品创新。金融产品创新是金融资源的分配形式与金融交易载体发生的变革与创新，是金融创新的关键性抓手。2008~2017 年全国 30 个省市区金融产品创新水平如表 3-13 所示。

表 3-13　2008~2017 年全国 30 个省区市金融产品创新水平

地区	2008 年	2009 年	2010 年	2011 年	2012 年	2013 年	2014 年	2015 年	2016 年	2017 年	均值
北京	0.1754	0.1800	0.1855	0.1828	0.1944	0.2071	0.2261	0.2363	0.2475	0.2513	0.2087
天津	0.1637	0.1696	0.1684	0.1786	0.1856	0.2038	0.2187	0.2165	0.2229	0.2213	0.1949
河北	0.0660	0.0678	0.0825	0.086	0.0782	0.1041	0.0936	0.0959	0.0928	0.0876	0.0854
上海	0.2909	0.2902	0.3060	0.3034	0.3268	0.3372	0.3694	0.3712	0.3681	0.3703	0.3334
江苏	0.1000	0.0981	0.1074	0.1142	0.1174	0.1244	0.1253	0.1236	0.1232	0.1268	0.1160
浙江	0.1181	0.1045	0.1103	0.1151	0.1191	0.1228	0.1300	0.1382	0.1415	0.1408	0.1240
福建	0.0695	0.0767	0.0790	0.0803	0.0803	0.1001	0.0890	0.0971	0.0933	0.0869	0.0852
山东	0.0828	0.0909	0.0850	0.0871	0.0913	0.097	0.0948	0.0986	0.1032	0.1050	0.0936
广东	0.0876	0.0941	0.1176	0.0946	0.0978	0.105	0.1030	0.1062	0.1117	0.1132	0.1031
海南	0.0624	0.0777	0.0737	0.0759	0.0872	0.0924	0.0926	0.0916	0.0919	0.0901	0.0836
山西	0.0629	0.0683	0.0692	0.0766	0.0839	0.0889	0.0851	0.0888	0.1115	0.1309	0.0866
安徽	0.0826	0.1048	0.1105	0.1102	0.1150	0.1320	0.1195	0.1260	0.1289	0.1324	0.1162
江西	0.0757	0.0688	0.0871	0.1038	0.1065	0.1074	0.101	0.1043	0.1418	0.1779	0.1074
湖南	0.1132	0.1053	0.0855	0.0973	0.1003	0.1026	0.0971	0.1109	0.0982	0.0854	0.0996
湖北	0.1185	0.1076	0.1074	0.1104	0.1196	0.1307	0.1170	0.1057	0.1062	0.1060	0.1129
河南	0.0912	0.0920	0.0777	0.0894	0.0971	0.1106	0.1031	0.1136	0.1223	0.1310	0.1028
重庆	0.0953	0.0997	0.2664	0.2769	0.2338	0.2386	0.2133	0.1771	0.1453	0.1168	0.1863
四川	0.0769	0.0786	0.0729	0.0779	0.0811	0.0839	0.0843	0.0900	0.0927	0.0934	0.0832
贵州	0.0652	0.0566	0.0535	0.0549	0.0511	0.0733	0.0884	0.0868	0.0771	0.0653	0.0672
云南	0.0454	0.0595	0.0573	0.0618	0.0629	0.0695	0.0639	0.0634	0.0619	0.0597	0.0605

续表

地区	2008 年	2009 年	2010 年	2011 年	2012 年	2013 年	2014 年	2015 年	2016 年	2017 年	均值
广西	0. 0518	0. 0595	0. 0551	0. 0512	0. 0559	0. 0607	0. 0637	0. 1153	0. 1100	0. 1027	0. 0726
陕西	0. 0814	0. 0849	0. 0846	0. 0811	0. 0936	0. 1007	0. 0922	0. 1019	0. 1029	0. 1026	0. 0926
甘肃	0. 0473	0. 0479	0. 0498	0. 0504	0. 0715	0. 0847	0. 0806	0. 0820	0. 0843	0. 0826	0. 0681
青海	0. 0447	0. 0377	0. 0404	0. 0580	0. 0547	0. 0621	0. 0593	0. 0686	0. 0804	0. 0915	0. 0597
宁夏	0. 0629	0. 0647	0. 0613	0. 0648	0. 0729	0. 0838	0. 0882	0. 0927	0. 0953	0. 0993	0. 0786
新疆	0. 1235	0. 1260	0. 1081	0. 1038	0. 1206	0. 1319	0. 1383	0. 1297	0. 1293	0. 1269	0. 1238
内蒙古	0. 0957	0. 1002	0. 0889	0. 0918	0. 1128	0. 1345	0. 1343	0. 1314	0. 1300	0. 1305	0. 1150
辽宁	0. 1309	0. 1193	0. 1222	0. 1226	0. 1221	0. 1364	0. 1338	0. 1337	0. 1475	0. 1520	0. 1320
吉林	0. 1273	0. 1089	0. 1089	0. 0946	0. 0924	0. 0863	0. 0909	0. 0993	0. 1048	0. 1095	0. 1023
黑龙江	0. 1395	0. 1390	0. 1342	0. 1445	0. 1496	0. 1757	0. 1583	0. 1426	0. 1552	0. 1684	0. 1507

从金融产品创新水平发展的时间演化来看，2008~2017 年中国金融产品创新水平呈现逐步提升的趋势，由 2008 年的 0. 0983 上升到 2017 年的 0. 1286，见表 3-14。

表 3-14　2008~2017 年全国 30 个省区市四大区域及全国金融产品创新水平

年份	东部地区	中部地区	西部地区	东北地区	全国
2008	0. 1216	0. 0907	0. 0718	0. 1325	0. 0983
2009	0. 1250	0. 0911	0. 0741	0. 1224	0. 0993
2010	0. 1315	0. 0896	0. 0853	0. 1218	0. 1052
2011	0. 1318	0. 0979	0. 0884	0. 1206	0. 1080
2012	0. 1378	0. 1037	0. 0919	0. 1213	0. 1125
2013	0. 1494	0. 1120	0. 1022	0. 1328	0. 1229
2014	0. 1543	0. 1038	0. 1006	0. 1277	0. 1218
2015	0. 1575	0. 1082	0. 1035	0. 1252	0. 1246
2016	0. 1596	0. 1181	0. 1008	0. 1358	0. 1274
2017	0. 1593	0. 1272	0. 0974	0. 1433	0. 1286

就四大区域而言，2008~2017 年东部和东北地区金融产品创新水平高于全国金融产品创新发展水平、中部和西部地区金融产品创新发展水平则低于全国金融产品创新发展水平，但四大区域和全国金融产品创新水平均呈现逐步提升

的趋势，东部地区金融产品创新发展水平在四大区域中最高，东北地区金融产品创新发展水平在四大区域中排名第二，中部地区金融产品创新发展水平在四大区域中排名第三，西部地区金融产品创新发展水平在四大区域中排名最低，见图 3-4。

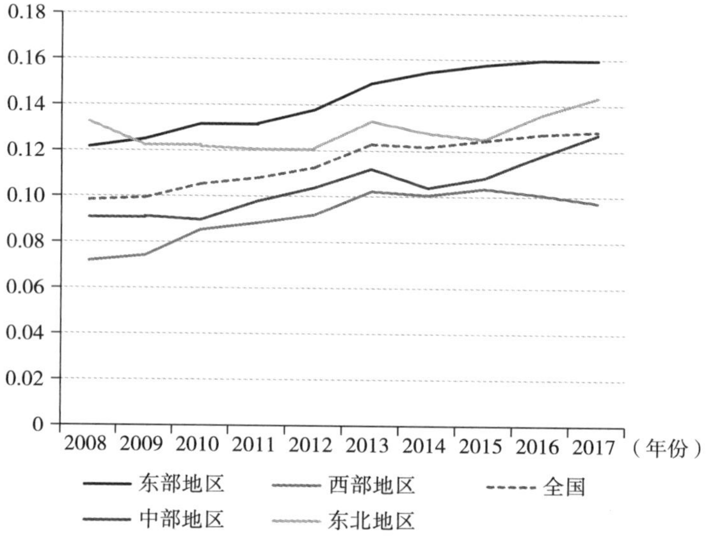

图 3-4　2008~2017 年四大区域及全国金融产品创新水平时间演变趋势

从金融产品创新水平的空间格局来看，高水平的金融产品创新集中于东部地区，金融产品创新水平较低的地区主要集中于中西部地区。依据具体的空间分布格局可以看出，金融产品创新水平排名前四位的地区分别为上海（0.3334）、北京（0.2087）、天津（0.1949）、重庆市（0.1863），且均为直辖市，主要在于该类地区由中央人民政府直接管辖，区位优势明显，金融资源丰富，金融产品迭代较快。与之对应的是金融产品创新水平得分最低的四个地区，分别为青海（0.0597）、云南（0.0605）、贵州（0.0672）、甘肃（0.0681），都集中在西部地区，这主要因为受制于当地的金融资源匮乏，金融产品迭代缓慢，所以对于金融产品创新水平的提升作用并不明显。总的来看，中国金融机构创新水平存在明显的地域差异性，且呈现东部地区遥遥领先、中部和东北地区居中，而西部大多数地区相对落后的格局。

（四）金融治理创新分析

金融治理涵盖金融机构、金融市场、金融产品等多个方面，金融机构创新、金融市场创新、金融产品创新必然会带来金融治理创新的需求。2008~2017 年全国 30 个省市区金融治理创新水平如表 3-15 所示。

表 3-15 2008~2017 年全国 30 个省市区金融治理创新水平

地区	2008 年	2009 年	2010 年	2011 年	2012 年	2013 年	2014 年	2015 年	2016 年	2017 年	均值
北京	0.4069	0.3490	0.3085	0.2958	0.3006	0.3005	0.3038	0.3386	0.3418	0.4579	0.3403
天津	0.5201	0.4821	0.4232	0.4588	0.4628	0.4620	0.4467	0.4502	0.3456	0.4003	0.4452
河北	0.3054	0.2867	0.2438	0.2932	0.3015	0.3006	0.3181	0.3190	0.2996	0.3178	0.2986
上海	0.4983	0.4308	0.4466	0.4506	0.3903	0.3628	0.3616	0.3746	0.3316	0.3779	0.4025
江苏	0.5021	0.4643	0.4135	0.4869	0.4289	0.4026	0.3885	0.3923	0.3833	0.4193	0.4282
浙江	0.3546	0.3180	0.2727	0.3008	0.2191	0.2245	0.2417	0.2838	0.2801	0.3205	0.2816
福建	0.4001	0.3692	0.3170	0.3760	0.3303	0.2964	0.2599	0.2708	0.2915	0.3486	0.3260
山东	0.3337	0.3074	0.2700	0.3370	0.3038	0.3080	0.2821	0.2978	0.2908	0.3444	0.3075
广东	0.4637	0.4231	0.3733	0.3622	0.4054	0.4118	0.4017	0.4259	0.4147	0.4483	0.4130
海南	0.5454	0.4647	0.4001	0.4177	0.4175	0.4023	0.4015	0.4022	0.4131	0.4575	0.4322
山西	0.3027	0.2441	0.2180	0.2562	0.2734	0.2813	0.2576	0.2976	0.3169	0.3016	0.2749
安徽	0.4302	0.3927	0.3332	0.4006	0.3695	0.3757	0.3912	0.3952	0.3921	0.4725	0.3953
江西	0.4480	0.4220	0.3591	0.4314	0.3743	0.3830	0.3934	0.4181	0.4215	0.5026	0.4153
湖南	0.3914	0.3530	0.2792	0.3316	0.3464	0.3583	0.3639	0.3715	0.3707	0.4316	0.3598
湖北	0.3991	0.3645	0.2897	0.3152	0.3248	0.3247	0.3272	0.3455	0.3460	0.3854	0.3422
河南	0.3436	0.3317	0.2711	0.3415	0.3707	0.3861	0.3965	0.3896	0.3818	0.4318	0.3644
重庆	0.4052	0.3967	0.3097	0.3978	0.3800	0.4000	0.4129	0.4081	0.4046	0.4295	0.3944
四川	0.414	0.3821	0.3363	0.3800	0.3837	0.4154	0.3994	0.3829	0.3798	0.4060	0.3879
贵州	0.5068	0.4549	0.3727	0.4112	0.3836	0.3732	0.3900	0.3784	0.4037	0.3986	0.4073
云南	0.4498	0.4212	0.3359	0.3531	0.3812	0.3830	0.3917	0.3817	0.3823	0.4080	0.3888
广西	0.3898	0.3560	0.3734	0.3414	0.3468	0.3354	0.3374	0.3289	0.3639	0.4087	0.3582
陕西	0.4134	0.3547	0.2913	0.3089	0.3320	0.3444	0.3459	0.3484	0.3625	0.3966	0.3498
甘肃	0.5206	0.4767	0.3671	0.3967	0.4197	0.4381	0.4635	0.4657	0.6391	0.4685	0.4656
青海	0.6278	0.5714	0.5049	0.5316	0.5689	0.5832	0.5982	0.6250	0.6546	0.6593	0.5925
宁夏	0.5131	0.4950	0.3879	0.3750	0.3985	0.3715	0.374	0.3975	0.4355	0.4582	0.4206
新疆	0.4247	0.3887	0.3275	0.3662	0.3389	0.3544	0.3647	0.3970	0.4174	0.4697	0.3849

续表

地区	2008 年	2009 年	2010 年	2011 年	2012 年	2013 年	2014 年	2015 年	2016 年	2017 年	均值
内蒙古	0.3905	0.3645	0.2946	0.3455	0.3294	0.3159	0.2492	0.2388	0.2529	0.3088	0.3090
辽宁	0.4284	0.3974	0.3797	0.3896	0.3679	0.3875	0.3724	0.2894	0.3051	0.3340	0.3652
吉林	0.3713	0.3332	0.3001	0.3468	0.3389	0.3442	0.3559	0.3673	0.3881	0.4278	0.3574
黑龙江	0.3832	0.3504	0.3022	0.3323	0.3500	0.3612	0.3442	0.3747	0.3788	0.4314	0.3609

从金融治理创新水平发展的时间演化来看，2008~2017 年中国金融治理创新发展水平呈现出先抑后扬的趋势，见表 3-16。2008~2010 年中国金融治理创新水平呈逐年下降趋势，之后转变为上升趋势，由 2011 年的 0.3710 上升到 2017 年的 0.4141。2008 年金融治理创新指数 0.4295 是十年中的最高值，可能原因是为应对 2008 年金融危机，政府加大了金融治理创新的力度有关。目前公认的看法是，2008 年金融危机是 1930 年大萧条以来最为严重的金融危机；危机期间，雷曼兄弟等大型金融机构破产，美国经济深陷衰退；金融危机也对我国造成了严重冲击，政府审时度势果断推出一系列被称为“四万亿”的刺激计划，迅速扭转了经济下滑局面。

表 3-16　2008~2017 年四大区域及全国金融治理创新水平

年份	东部地区	中部地区	西部地区	东北地区	全国
2008	0.4330	0.3858	0.4596	0.3943	0.4295
2009	0.3895	0.3513	0.4238	0.3603	0.3915
2010	0.3469	0.2917	0.3546	0.3274	0.3367
2011	0.3779	0.3461	0.3825	0.3563	0.3710
2012	0.3560	0.3432	0.3875	0.3523	0.3646
2013	0.3471	0.3515	0.3922	0.3643	0.3663
2014	0.3406	0.3550	0.3933	0.3575	0.3645
2015	0.3555	0.3696	0.3957	0.3438	0.3719
2016	0.3392	0.3715	0.4269	0.3573	0.3796
2017	0.3892	0.4209	0.4375	0.3977	0.4141

2008~2017 年四大区域金融治理创新水平与全国金融治理创新水平呈现相似的先抑后扬的趋势，见图 3-5。西部地区金融治理创新水平一直高于全国金

融治理创新水平，东北地区金融治理创新水平一直低于全国金融治理创新水平。2008~2011 年，东部地区金融治理创新水平总体上高于全国金融治理创新水平，但 2012~2017 年一直低于全国金融治理创新水平。2008~2017 年中部地区前九年金融治理创新水平一直低于全国金融治理创新水平，但 2017 年稍高于全国金融治理创新水平。

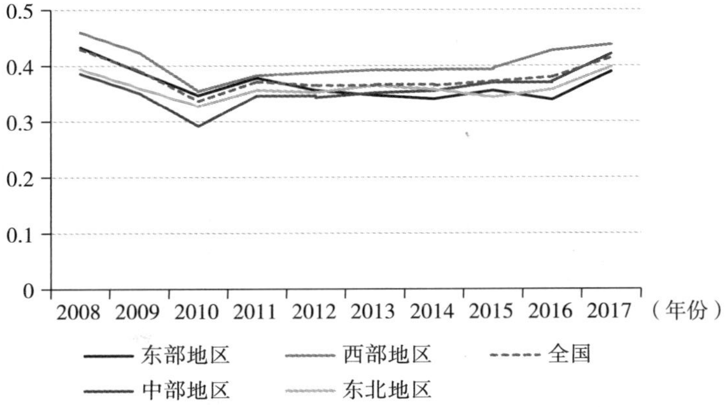

图 3-5 2008~2017 年四大区域及全国金融治理创新水平时间演变趋势

从金融治理创新水平具体的空间格局来看，金融治理创新水平排名前五位的地区分别为青海（0.5925）、甘肃（0.4656）、天津（0.4452）、海南（0.4322）、江苏（0.4282），主要属于西部地区和东部地区。与之对应的是金融治理创新水平得分最低的五个地区，分别为山西（0.2749）、浙江（0.2816）、河北（0.2986）、山东（0.3075）、内蒙古（0.3090）。总的来看，中国金融治理创新水平不存在明显的地域差异性。

三、金融创新的空间关联性分析

在明确金融创新时空差异的基础上，为甄别出其内在的空间关联性，弄清楚其空间集聚状况，本书基于空间分析的特性，先对全局空间进行分析，又进一步对局部空间进行系统性分析，以此来深度探究金融创新的空间关联水平。

（一）金融创新的全局空间自相关分析

全局莫兰指数（Global Moran's I）一般是用来度量空间关联性的一个重要指标，是澳大利亚统计学家帕特里克·阿尔弗雷德·皮尔斯·莫兰（Patrick Alfred Pierce Moran）在 1950 年提出的。其计算公式为：

$$\text{Moran's I} = \frac{\sum_{i=1}^{n}\sum_{j=1}^{n}(X_i - \bar{X})(X_j - \bar{X})}{S^2\sum_{i=1}^{n}\sum_{j=1}^{n}W_{ij}} \qquad 式（3-13）$$

式（3-13）中 X_i 为 i 省的金融创新综合指数，X_j 为 j 省的金融创新综合指数，$\bar{X}$ 为金融创新综合指数平均值；构建空间位置权重矩阵为 W_{ij}，当 i 与 j 相邻时，W_{ij} 取 1，否则，W_{ij} 取 0；金融创新综合指数的方差用 S^2 表示，n 表示省级行政单位的数量，这里 n=30。

全局莫兰指数指数的取值在-1~1，当莫兰指数为正数时，表示存在正的空间自相关，即金融创新综合指数的值较高（低）的区域在空间上呈集聚态势，全局莫兰指数值越接近于 1，其正的空间自相关性越高；当全局莫兰指数为负数时，表示存在负的空间自相关，即金融创新综合指数值趋于分散分布，而且全局莫兰指数值越接近于-1，其负的空间自相关性越高；当莫兰指数为零时，表示不存在空间自相关，即研究区内各地区金融创新综合指数呈无规律的随机分布状态。

本书利用 Stata 软件计算出中国金融创新的全局莫兰指数，结果如表 3-17 所示。除 2013 年和 2016 年外，其他年份全局莫兰指数值均显著，且都通过 P 值小于 0.05 或 0.10 的显著性水平的 Z 统计检验，表明无论是发达地区还是欠发达地区的金融创新都存在着显著的全局空间集聚效应，属于金融创新综合指数值高的区域被高金融创新综合指数值的区域所包围的空间关系，或者金融创新综合指数值低的区域被低金融创新值的区域所包围的空间关系。2013 年和 2016 年全局莫兰指数值均不显著，这两年中国金融创新整体呈离散状态。

表 3-17　2008~2017 年中国金融创新的全局 Moran's I 指数

年份	Moran's I	E（I）	sd（I）	z	p-value*	聚离状态
2008	0.214	-0.034	0.117	2.12	0.034	聚集
2009	0.208	-0.034	0.117	2.069	0.039	聚集
2010	0.212	-0.034	0.118	2.096	0.036	聚集
2011	0.199	-0.034	0.119	1.965	0.049	聚集
2012	0.180	-0.034	0.119	1.808	0.071	聚集

续表

年份	Moran's I	E (I)	sd (I)	z	p-value*	聚离状态
2013	0.151	-0.034	0.118	1.570	0.117	离散
2014	0.201	-0.034	0.117	2.011	0.044	聚集
2015	0.278	-0.034	0.116	2.694	0.007	聚集
2016	0.130	-0.034	0.118	1.401	0.161	离散
2017	0.176	-0.034	0.111	1.897	0.058	聚集

全局莫兰指数取值范围在 0.130~0.278，全局莫兰指数较低，说明空间自相关的特征在中国金融创新格局中表现得不明显，其集聚程度低，整体呈弱集聚格局，如图 3-6 所示。这种空间集聚效应在研究时段内具有一定波动，其中 2015 年全局莫兰指数突然升高到十年间的最高值为 0.278，表明这种空间集聚效应也不够稳定。

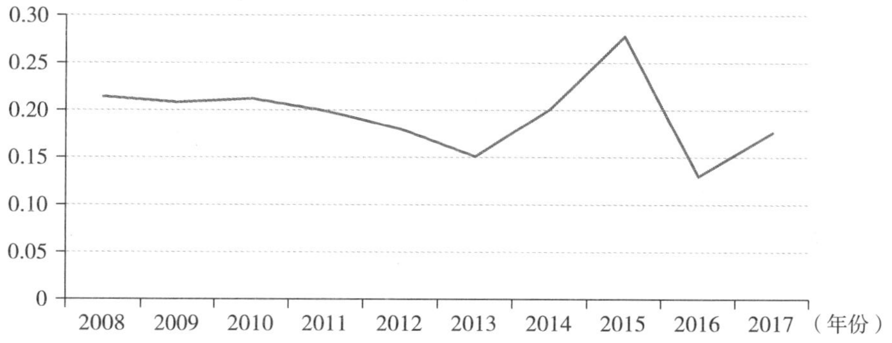

图 3-6 金融创新的全局空间自相关趋势

（二）金融创新的局部空间自相关分析

全局莫兰指数仅能作为对总体数据进行量测的指标，可能忽略了局部之间固有的不平衡现象。因而，本书将运用局部莫兰指数（Local Moran's I）和 Moran 散点图来研究中国金融创新的局部自相关分析。Moran 散点图经常被用来探究空间位置属性局部自相关，利用（X，W_{ij}）数据坐标绘制 Moran 散点图，其中横轴表示金融创新值 X，纵轴表示金融创新的空间滞后向量 W_{ij}。i 省局部莫兰指数的计算公式为：

$$\text{Moran's I} = \frac{n(X_i - \bar{X})\sum_{j=1}^{n} W_{ij}(X_j - \bar{X})}{\sum_{i=1}^{n}(X_i - \bar{X})^2} \qquad \text{式 (3-14)}$$

局部 Moran 散点图可以用来识别地区与其相邻近地区的空间关系。其中第Ⅰ、第Ⅲ象限表示区域之间存在正的空间自相关关系，分别用 H-H、L-L 表示，也经常被表述为集聚区和孤岛区，即金融创新综合指数值高（低）的区域被同是高（低）金融创新综合指数值的区域所包围的空间关系；第Ⅱ、第Ⅳ象限则表示区域之间存在负的空间自相关关系，分别用 L-H、H-L 表示，经常被表述为萧条区和空心区，即表示金融创新综合指数低（高）值的区域被高（低）金融创新综合指数值的区域所包围的空间关系。

局部空间自相关分析用于探讨区域内各个地域单元的空间关联性。本书主要采用绘制金融创新的 Moran 散点图的方法，对金融创新进行局部空间自相关分析。以每 3~5 年作为一个发展周期，借助 Stata 软件输出 2008 年、2014 年和 2017 年的金融创新的 Moran 散点图，如图 3-7、图 3-8、图 3-9 所示，各省市区分别以编码 1~30 代替，1~30 分别为北京、天津、河北、上海、江苏、浙江、福建、山东、广东、海南、山西、安徽、江西、湖南、湖北、河南、重庆、四川、贵州、云南、广西、陕西、甘肃、青海、宁夏、新疆、内蒙古、辽宁、吉林和黑龙江。

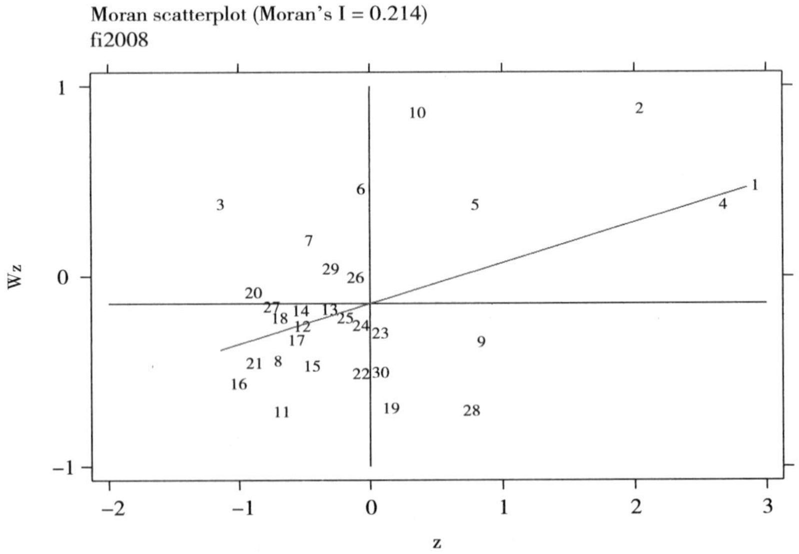

图 3-7 2008 年金融创新 Moran 散点图

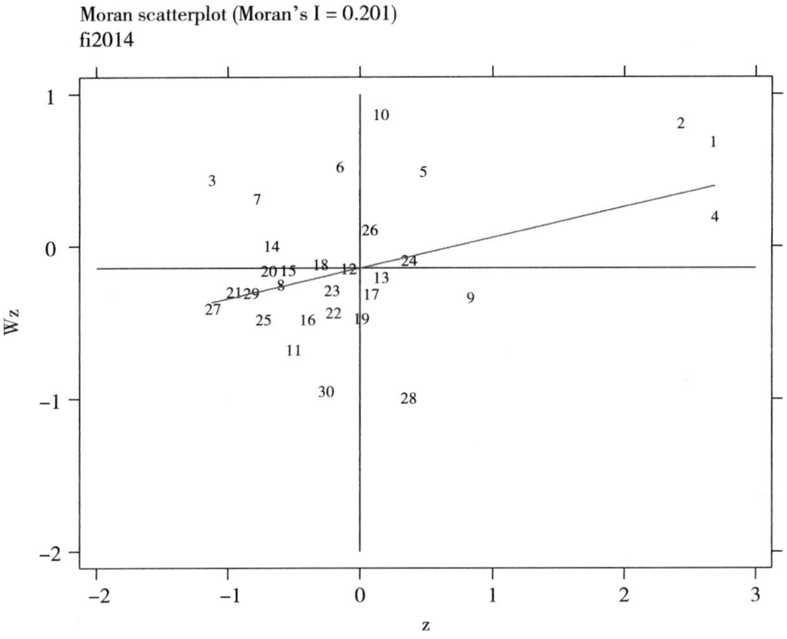

图 3-8　2014 年金融创新 Moran 散点图

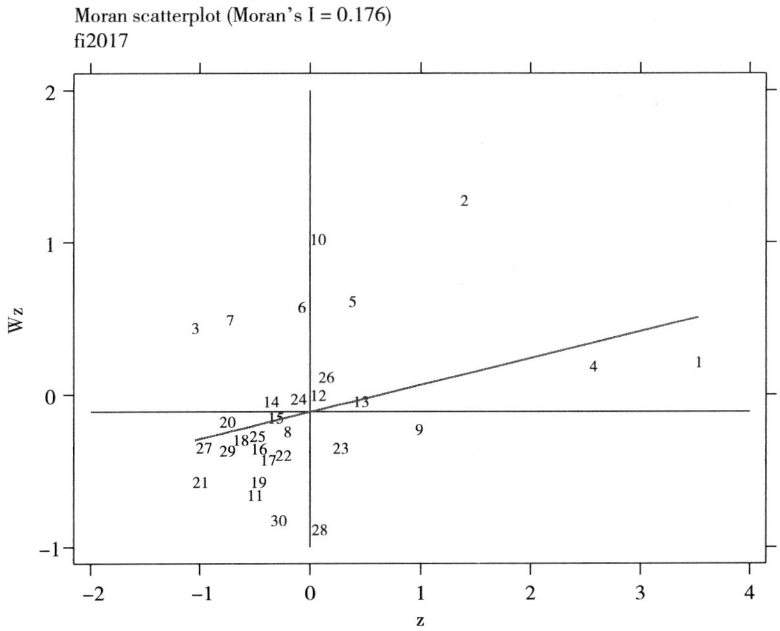

图 3-9　2017 年金融创新 Moran 散点图

从图 3-7、图 3-8、图 3-9 中可以得知，每年落在 Moran 散点图四个象限中的地区数稍有不同，但总的来看，落在第Ⅲ象限的点数最多，再次是第Ⅰ、第Ⅱ、第Ⅳ象限，演变情况见表 3-18。2008 年、2014 年和 2017 年，北京、上海、天津、江苏稳定在第Ⅰ象限，表现为正相关关系，是强金融创新集聚地区（H-H），即金融创新高值的区域与同是高值的区域发生集聚。山东、山西、湖北、河南、广西、陕西、宁夏、内蒙古、黑龙江稳定在第Ⅲ象限，也表现为正相关关系，但是弱金融创新集聚地区（L-L），即金融创新低值的区域与同是低值的区域发生集聚。河北、浙江、福建稳定在第Ⅱ象限，为负空间自相关关系（L-H）。广东、辽宁稳定在第Ⅳ象限，也为负空间自相关关系（H-L）。其他省市区则在不同象限漂移。因此，可以认为中国金融创新在地理空间上存在着较明显的相互依赖性，呈现一定程度上的聚集特征。

表 3-18　2008 年、2014 年和 2017 年金融创新演变情况

年份	H-H 象限	L-L 象限	L-H 象限	H-L 象限
2008	北京、上海、天津、江苏、海南	山东、山西、湖北、河南、广西、陕西、宁夏、内蒙古、黑龙江、安徽、江西、湖南、重庆、四川、青海	河北、浙江、福建、云南、新疆、吉林	广东、辽宁、贵州、甘肃
2014	北京、上海、天津、江苏、海南、青海、新疆	山东、山西、湖北、河南、广西、陕西、宁夏、内蒙古、黑龙江、吉林、甘肃、安徽、云南	河北、浙江、福建、湖南、四川	广东、辽宁、贵州、重庆、江西
2017	北京、上海、天津、江苏、海南、江西、新疆	山东、山西、湖北、河南、广西、陕西、宁夏、内蒙古、黑龙江、吉林、重庆、四川、贵州、云南	河北、浙江、福建、安徽、湖南、青海	广东、辽宁、甘肃

四、金融创新的空间收敛性分析

收敛是一个数学用词，是研究函数的一个重要工具，是指汇聚于一点，向某一值靠近。如今，收敛概念广泛应用于经济学、管理学、社会学等社会科学和自然科学领域。在经济学上，收敛多指国家或地区间的人均收入差异会随时间推移变小，收敛意味着发展水平较低的国家，发展速度会更快；也就是说，各国的发展水平会趋向接近。如果区域间要素投入能够自由流动，并遵从要素边际收益递减法则，那么收敛是能够达到的。与收敛相对的概念是发散，即经济学上穷的越穷、富的越富的马太效应。是收敛还是发散，这需要通过收敛性检验来判断。对收敛性检验，学者们提出了许多模型，其中以 Barro（1992）提出的 α 收敛模型和 Galor（1996））提出的俱乐部收敛模型最为知名。α 收敛的基本思想是指经济变量的离散程度差随着时间推移不断减小。俱乐部收敛的基本思想为经济发展水平，即经济基础条件相似国家或地区的经济变量将收敛于相同的局部稳定状态。

综上所述，我们已经发现金融创新存在着一定的空间差异，而这种空间差异在未来的发展中可能呈现出两种趋势，即空间收敛或发散，合理识别出这种发展趋势，有助于正确研判金融创新的态势，做出科学决策。下面在基于金融创新水平空间差异的基础之上，通过运用相应的收敛性检验模型，对金融创新的空间收敛性做实证分析。

（一）金融创新的 α 收敛

金融创新的 α 收敛是指不同地区的金融创新水平离散程度随着时间而降低，可以通过式（3-15）计算出历年金融创新水平的标准差。

$$\alpha_t = \sqrt{(\ln F_{it} - \overline{\ln F_t})/n} \qquad \text{式（3-15）}$$

式（3-15）中，α_t 为 t 年的金融创新水平的 α 值，F_{it} 为 t 年 i 地区的 t 金融创新综合指数值，$\ln F_{it}$ 为 t 年 i 地区的金融创新综合指数值的自然对数，$\overline{\ln F_t}$ 为 t 年区域的金融创新综合指数自然对数的平均值，n 为区域的地区个数。

如果金融创新水平的 α 值逐年减少，可认为金融创新水平呈现 α 收敛，反之不收敛。为了探究当前中国金融创新水平的收敛性，本书计算出了对应年份的金融创新水平的区域间差异。区域间金融创新水平的差异变化大致分为三个阶段，见表 3-19。2008~2009 年下降，全国金融创新水平差异程度下降，表现出了短暂的收敛特征；2009~2011 年，全国金融创新水平差异呈现出大致的上升趋势，说明中国金融创新水平差异程度呈现不断扩大的状态；而 2012 年以来，全国金融创新水平的差异程度呈现出逐渐缩小的发展趋势，表现出了明显的收敛特征。

表 3-19 2008~2017 年金融创新的 α 收敛检验

年份	东部地区	中部地区	西部地区	东北地区	全国
2008	0.1456	0.0366	0.0565	0.0541	0.1115
2009	0.1407	0.0328	0.0534	0.0571	0.1040
2010	0.1522	0.0420	0.0515	0.0753	0.1169
2011	0.1494	0.0438	0.0700	0.0946	0.1175
2012	0.1505	0.0321	0.0724	0.0832	0.1158
2013	0.1518	0.0431	0.0631	0.0848	0.1109
2014	0.1482	0.0400	0.0666	0.0692	0.1094
2015	0.1334	0.0386	0.0592	0.0317	0.1011
2016	0.1313	0.0379	0.0863	0.0285	0.1021
2017	0.1334	0.0412	0.0535	0.0445	0.0996

从中国四大区域的 α 收敛情况能够看出，各个地区的表现并不完全相同，见图 3-10。具体而言，东部地区和中部地区金融创新水平差异程度 2013~2016 年呈现出逐渐缩小的发展趋势，表现出了时期较长的收敛；其他年份金融创新水平差异程度变化不规律，没有表现出明显的收敛或发散情形。西部地区金融创新水平差异程度 2008~2010 年和 2012~2015 年呈现出逐渐缩小的发展趋势，表现出了时期较长的收敛；其他年份金融创新水平差异程度变化不规律，没有表现出明显的收敛或发散情形。2008~2011 年东北地区金融创新水平差异呈现出大致的上升趋势，说明东北地区金融创新水平差异程度呈现不断扩大的状态；而 2013~2016 年呈现出逐渐缩小的发展趋势，表现出了时期较长的收敛；其他年份金融创新水平差异程度变化不规律，没有表现出明显的收敛或发散情形。

（二）金融创新的的俱乐部收敛

上述分析表明，在一些时间段，全国以及东部、中部、西部、东北地区金融创新水平均存在一定的 α 收敛情况，下面进一步通过泰尔指数验证俱乐部收敛效应的存在与否。

$$T_t = (1/n)\sum_{i=1}^{n}(F_{it}/\overline{F_t})\log(F_{it}/\overline{F_t}) \qquad 式（3-16）$$

式（3-16）中，T_t 为 t 年的金融创新水平的泰尔指数，F_{it} 为 t 年 i 地区的 t 金融创新综合指数值，$\overline{F_t}$ 为 t 年区域的金融创新综合指数的平均值，n 为区域的

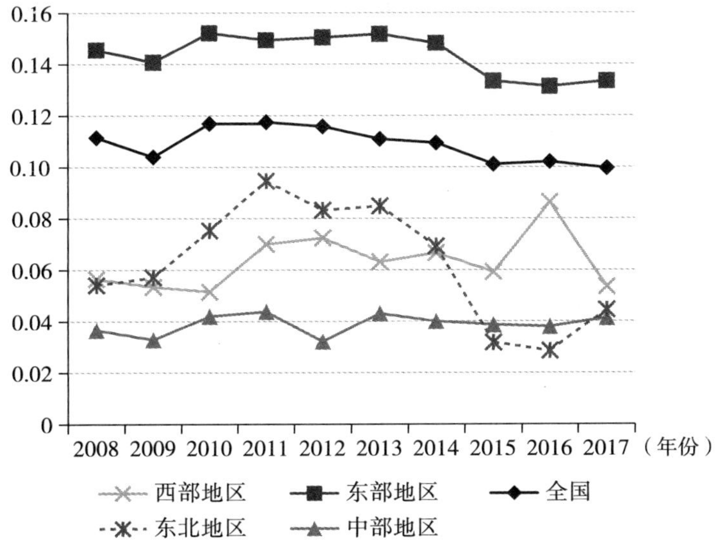

图 3-10　2008~2017 年金融创新的 α 收敛变化趋势

地区个数。

表 3-20 中数值根据式（3-16）计算得出，根据相关数值绘制出俱乐部效应的折线趋势图，见图 3-11。

表 3-20　2008~2017 年金融创新的俱乐部收敛检验

年份	东部地区	中部地区	西部地区	东北地区	全国
2008	0.0538	0.0034	0.0083	0.0079	0.0390
2009	0.0506	0.0029	0.0073	0.0089	0.0335
2010	0.0583	0.0045	0.0069	0.0158	0.0423
2011	0.0561	0.0053	0.0133	0.0253	0.0429
2012	0.0571	0.0028	0.0141	0.0189	0.0416
2013	0.0578	0.0051	0.0096	0.0189	0.0374
2014	0.0573	0.0044	0.0112	0.0125	0.0376
2015	0.0475	0.0040	0.0087	0.0028	0.0325
2016	0.0464	0.0039	0.0230	0.0021	0.0327
2017	0.0493	0.0048	0.0076	0.0051	0.0324

从全国以及东部、中部、西部、东北地区金融创新水平的泰尔指数来看，

俱乐部收敛或发散的时间段与 α 收敛或发散的时间段分布情形大体一致。因此，我们认为，金融创新水平只在一些时间段上表现出收敛，没有在全域时间段上表现出收敛，且收敛不够稳定，这进一步说明区域间金融创新的空间差异是存在的且没有发生明显变化。

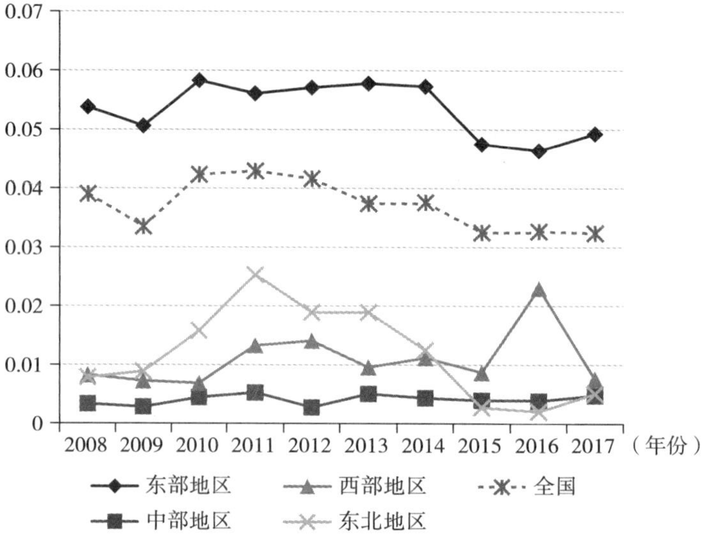

图 3-11　金融创新的俱乐部收敛变化趋势

第四章

04

经济高质量发展及其评价指标体系

第一节 经济高质量发展的内涵

1949 年以来特别是改革开放 40 多年来，我国国民经济快速发展，经济发展已经进入质量与效益更高要求的高质量发展新阶段，如何科学把握经济高质量发展的核心内涵是实现经济高质量发展的基本前提。

一、经济的概念

“经济”是一个历史悠久、包含内涵丰富的词语。4 世纪初东晋时代已正式使用“经济”一词。“经济”一词是“经邦”“经国”和“济世”“济民”，以及“经世济民”等词的综合和简化，含有“治国平天下”的意思。英文中 Economy 源自古希腊语 οικονομα（家政术）。οικο 为家庭的意思，νομο 是方法或者习惯的意思。因此，其本来含义是指治理家庭财物的方法，到了近代扩大为治理国家的范围，为了区别于之前的用法也被称为“政治经济学”（Political Economy）。这个名称后来被马歇尔改回经济学（Economics）。到了现代，如果单称经济学的话，是在政治经济学或者更广的层面来考虑经济，因此一般在指经济学的时候经济学与政治经济学是同义的。至于现代“经济”一词实为引进翻译的结果。在清朝末期，日本人掀起工业革命浪潮，接受、吸收、宣传西方文化，大量翻译西方书籍，将“Economics”一词译为“经济”最早始于1862年出版的《日英对译袖珍辞典》。在新文化运动中，日本学习过的西方文化向中国传播，梁启超最初在1902年发表的《论自由》一文中将该词译为“生计”而注明“即日本所谓经济”，自此“经济”一词开始广泛被中国引用。

在《现代汉语词典》中“经济”一词有多种定义，作为名词“经济”的第一种定义是在经济学上指社会物质生产和再生产活动；作为名词“经济”的第二种定义是指国民经济的总称，也指国民经济的各部门，如工业经济、农业经济等；作为名词“经济”的第三种定义是个人生活用度，如个人经济宽裕；作为形容词“经济”的第一种定义是指对国民经济有价值或影响的，如经济作物；作为形容词“经济”的第二种定义是指用较少的人力、物力、时间获得较大的成果，如做事非常经济；作为动词“经济”的定义是指治理国家，如经济之才。显然，经济高质量发展中的“经济”主要是指作为名词“经济”的第一种定义和第二种定义。经济是指社会物质资料的生产和再生产过程，包括物质资料的直接生产过程以及由它决定的交换、分配和消费过程，其内容包括生产力和生产关系两个方面，这里主要是指生产力方面；但经济也指社会生产关系的总和，是人们在物质资料生产过程中结成的，与一定的社会生产力相适应的生产关系的总和或社会经济制度，是政治、法律、哲学、宗教、文学、艺术等上层建筑赖以建立起来的基础。经济是指一个国家或地区国民经济的总称或国民经济的各部门，包括全部物质资料生产部门及其活动和部分非物质资料生产部门及其活动。

总之，经济是一个多阶段和多层次的概念。从横向来看，经济是分阶段的，可分为生产、交换、分配和消费阶段。从纵向来看，经济是分层次的，可分为宏观经济、中观经济和微观经济。宏观经济对应的是整个经济体国民经济活动的总量。中观经济对应的是一个地区或部门的经济；微观经济对应的是单个市场主体的经济活动或经济行为。

二、质量的概念

质量不是一个固定不变的概念，它是动态的、变化的、发展的；它随着时间、地点、使用对象的不同而不同，随着社会的发展、技术的进步而不断更新和丰富。在《现代汉语词典》中“质量”是作为名词使用的，有两种定义：“质量”的第一种定义是表示物体惯性大小的物理量；第二种定义是指产品或工作的优劣程度。第一种定义是物理学上的定义，第二种定义是质量管理学上的定义。从不同的质量主体角度，对质量内涵的理解是不一样的。从顾客的角度出发，美国著名的质量管理专家朱兰（J. M. Juran）博士提出了质量就是产品的适用性，即产品在使用时能成功满足用户需要的程度；用户对产品的基本要求就是适用，适用性恰如其分地表达了质量的内涵。从生产者角度出发，国际标准化组织发布的ISO8402：1986《质量管理和质量保证 术语》将质量概括为反映实体满足明确或隐含需要能力的特性总和，指质量就是实体的符合性，定义中所说“实体”是指可单独描述和研究的事物，它可以是活动、过程、产品、组织、体系、人以及它们的组合。国际标准化组织发布的ISO9000：2015《质量管理体系 基础和术语》进一步拓展了质量的内涵，将质量定义为一组固有特性满足要求的程度，并指出质量的客体是指“可感知或可想象的任何事物”。

当今，质量概念已逐步从产品和服务扩展到各类单位各类过程、各项工作和体系，乃至各种微观、中观和宏观系统，已从狭义的小质量扩展到广义的大质量。可以说，质量无所不包，无所不在。总之，“质量”一词是对事实判断和价值判断的度量，表示各种事物、事情的性质、程度与水平，可用好坏、优劣、高低来度量。

三、发展的概念

在《现代汉语词典》中“发展”是作为动词使用的，有两种定义：“发展”的第一种定义是表示事物由小到大、由简单到复杂、由低级到高级的变化；第二种定义是指扩大（组织、规模等）。

“发展”是一个跨越多个学科的概念，不同学科对“发展”有着不同的界定。哲学上的“发展”是指事物从诞生开始的一个进步变化的过程，是事物的不断更新，是指一种连续不断的变化过程，既有量的变化，又有质的变化，是新事物取代旧事物的否定之否定的过程。哲学上的“发展”分两个阶段（量变阶段、质变阶段）或三个阶段（量变初级阶段、渐变发展阶段、质变或部分质变阶段）。社会学的“发展”是指整个社会向前运动的过程，它包括两个方面：纵向“发展”指社会由低级向高级的运动和发展过程，遵循人类社会从原始社会、奴隶社会、封建社会、资本主义社会、社会主义社会、共产主义社会依次更替的演进规律，都是社会基本矛盾运动的必然结果；横向“发展”是指在特定的社会发展阶段中一个社会各方面的整体运动和发展过程。心理学上的“发展”是指个体的心理及心理特质不断变化，融入社会的社会化过程。在心理学中“发展”是指个体的身心机能及其品质在时间上的积极变化过程。个体的心理发展划分为 8 个阶段，即：乳儿期、婴儿（相当于学前期）、幼儿期（相当于学龄前期）、童年期（相当于学龄初期）、少年期（相当于学龄中期）、青年期（相当于学龄晚期）成年期、老年期。从本质上来说，心理发展是人对客观现实反映活动的扩大与改善的过程，它主要表现在四个方面：反映活动从混沌未分化向分化、专门化发展；反映活动从不随意性、被动性向随意性、主动性发展；反映认知机能从认识事物的表面现象向认识事物的内部本质发展；对周围事物的态度从不稳定向稳定发展。20 世纪 60 年代之前，经济学中的“发展”指的是“经济增长”（Economic Growth），其含义是指在一定时间内，一个经济体系生产内部成员生活所需要商品与劳务潜在生产力之扩大（即生产可能曲线向外扩张），通常用一个国家或地区人均产出（或人均收入）水平的持续增加来度量。由于过度强调 GDP 的增长引发了生态、道德等一系列危机，经济学家们才开始反思经济学中“发展”的真正内涵，最终形成以下认知：经济发展就是一个国家或地区经济结构和社会结构持续高级化的创新过程或变化过程。

从不同学科对“发展”概念的诠释可以得出如下看法，即“发展”具有普遍性，无论是自然界，还是人类社会和人的认识，都是发展的，整个世界就是一个永恒发展的物质世界。此外，“发展”还具有动态性，世界上一切事物都处在永不停息的运动、变化的过程中，发展是一个动态的变化过程，是由不完善到完善的前进性和上升性变化。这就要求我们坚持发展的眼光，学会用发展的观点观察和分析问题；反对认为事物是一成不变的静止观点；破除思想僵化、因循守旧、墨守成规和安于现状的旧观念。

四、经济高质量发展的概念

科学把握经济高质量发展的核心内涵是实现经济高质量发展的基本前提。经济高质量发展的核心内涵，强调以创新为经济发展的主要驱动力，技术创新、金融创新、制度创新、人力资本创新等作为创新得以实现的主要载体，协调、绿色、开放成为经济发展的主要代名词，经济发展的最终目标是共享，即满足人民日益增长的美好生活的需要，实现人民幸福感的整体提升，而经济发展能否顺利完成这种高质量转变必须遵循复杂系统的规律和要求，如习近平总书记（2017）在中央政治经济会议上强调："经济高质量发展必须是遵循经济规律的科学发展，必须是遵循自然规律的可持续发展，必须是遵循社会规律的包容性发展。"

目前，学术界就遵循经济规律、遵循自然规律、遵循社会规律三个方面对经济高质量发展进行研究：从遵循经济规律方面看，经济高质量发展主要体现在通过质量变革、效率变革和动力变革达到全要素生产率的提升，通过供给端培育经济发展新动能达到经济发展提质增效的目的，如黄南（2018）、刘思明和张世瑾（2019）等在研究经济高质量发展时，对我国经济发展基本经济质态的变化进行了充分考虑；从遵循自然规律方面看，经济高质量发展主要是以人与自然和谐共处为基础，注重绿色低碳循环，且生态文明，人民群众生态环境优越，如李香菊（2017）、师博（2018）等在研究经济高质量发展时注重对生态成果的研究；从遵循社会规律方面来看，经济高质量发展主要体现在以人民群众为中心，想人民群众所想、急人民群众所急、解人民群众所困，且持续改善民生福祉及提供优质的公共产品服务，如王一鸣（2018）、李金昌（2018）等加入人民生活的度量指标对经济高质量发展进行探究。

本书所研究的经济高质量发展，立足于新发展理念的五个方面，即创新、协调、绿色、开放、共享，同时注重经济质量变革、效率变革及动力变革的有机统一，兼容并包地遵循经济、自然和社会发展的规律。

第二节　经济高质量发展相关理论

一、古典经济增长理论

古典经济增长理论以亚当·斯密、大卫·李嘉图与穆勒三人为主要代表。亚当·斯密（1776）在《国民财富的性质和原因的研究》一书中明确指出了经济增长的原因，认为劳动力数量的增加与劳动生产效率的提高主导了经济增长，但因具备专业能力的劳动力会随着其投入量的不断增加而减少，普通劳动力更多地投入生产会造成生产效果的下降。因此，相较于增加劳动力数量带来的局限性，劳动生产率对经济增长的影响作用更大。而专业化分工与资本积累是提高劳动生产率的两个重要手段，故经济增长的基础影响因素就是资本积累。大卫·李嘉图（1779）则从另一个视角对经济增长理论进行探究，其认为资本积累才是经济增长的原动力，资本积累主要是通过要素市场中资本、劳动力及地租等的分配情况所决定的，而要素市场的分配状况则是由利润决定。故将资本积累作为利润率的函数，并与经济增长、收入分配相联系。更重要的是，其所提出的规模报酬递减为不少学者的相关研究提供了帮助，在经济学研究中具有重要地位。

二、新古典经济增长理论

经济学家哈罗德与多马（1931）构建的哈罗德—多马经济增长模型是现代经济增长理论中最基本的模型。其基于凯恩斯经济增长的短期分析，把人口、技术水平及资本设备等长期因素相整合，对经济在这些因素发生变动时如何保持长期稳定的均衡增长的问题进行了研究。哈罗德—多马经济增长模型的假设条件主要有：①储蓄能有效向投资转化；资本与产出的比例保持不变；②资本与劳动之间无法互相替代；③价格水平不变，且经济中仅有生产部门而没有货币部门；④社会中没有技术进步和资本折旧。基于上述假设条件，其推导出模型的基本表达式为：$g=s/v$，其中 g 为经济增长率，s 为储蓄率（资本积累率），

v 为资本产出比，经济增长率随着储蓄率的增加而上升，随着资本产出比的增加而下降。

罗伯特·索洛和斯旺（1937）修正完善了哈罗德—多马经济增长模型，创立了新古典经济增长理论，提出了著名的索洛—斯旺模型。索洛—斯旺模型的假设条件主要有：①资本和劳动力可以相互替代；②存在完全竞争的市场；③不存在技术进步。基于上述假设条件，其推导出模型的基本表达式为：$g=\propto\Delta K/K+(1-\propto)\Delta L/L$，g 为经济增长率，$\propto$ 为资本对产出的贡献，$(1-\propto)$ 为劳动对产出的变化，$\Delta K/K$ 为资本增长率，$\Delta L/L$ 为劳动增长率。该模型与哈罗德—多马相比，具有更强的现实意义，能够更好地解释经济增长的动力来源。

索洛—斯旺模型虽较好地对经济增长的稳定性进行了诠释，但并未将技术进步这一重要因素考虑进去，随后索洛和米德（1938）对该模型进一步完善，将技术进步、时间等因素纳入模型，修正后的索洛—米德模型表达式为：$g=\propto\Delta K/K+(1-\propto)\Delta L/L+\Delta T/T$，其中，$\Delta T/T$ 为技术进步。索洛—米德模型强调了技术进步在经济增长中的作用，较好地诠释了人均产出长期稳定增长的原因。

三、内生增长理论

新古典增长理论虽在理论上将技术进步这一外生变量作为经济增长的原动力进行诠释，但其忽视了经济增长的内生因素，也无法对现实中各国经济增产不均衡的情况进行诠释。因此，内生增长理论逐渐取代了新古典经济增长理论，成为了研究经济增长的主流。

内生增长理论主要的创新在于将经济增长动力内生化，其假定边际收益递增，并将技术进步量化后引入模型进行研究。内生增长理论主要以罗默与卢卡斯为代表，罗默（1990）提出了知识外溢模型，其认为知识的外部经济性会促使生产要素的边际报酬产生递增效应，进而刺激经济的增长。卢卡斯（1990）同期提出了人力资本溢出模型，强调人力资本的不断累积在提高自身生产效率的同时，还可通过外溢效应导致生产要素的边际报酬递增，进而刺激经济的内生增长。

第三节　经济高质量发展的基本特征

根据经济高质量发展的内涵，经济高质量发展应具备高效性、协调性、均衡性、可持续性四大基本特征。

一、高效性

在经济高质量发展进程中，不是单纯追求经济发展的高速度，而是要追求效率更快、效益更高，高效性是经济高质量发展的基本特征之一。经济发展如果按效率和效益指标来评价，可分为高效性发展与低效性发展。高效性发展是指同时兼顾效率更快、效益更高的经济发展，社会生产能够在较短的时间有更多的产出，以较少的投入获得更大的收益；而低效性发展则是指不能同时兼顾效率更快、效益更高的经济变化。

决定高效性发展的一个重要因素是创新。创新是引领发展的第一动力，创新是产业实力的综合反映，是竞争能力的核心要素，不断推动经济发展从规模速度型向质量效率型增长、从粗放式增长向集约式增长转变，推动经济发展向附加值更高的经济类型演化。

决定高效性发展的另一个重要因素是供给有效，供给和需求保持动态平衡，社会再生产才能够顺利进行。经济增长如果从市场供求关系状况来评价，可分为有效供给性增长与无效供给性增长。有效供给性增长是指经济运行过程实现了供求关系的平衡，无效供给性增长则表现为市场关系失衡，产能严重过剩，库存积压很大。高质量发展是指有效供给性增长。我国在过去一段时间虽然经济增长较快，但不少产业产能严重过剩，库存积压太大，与此同时，却提供不了人们需要的产品与服务，出国购买成为时尚，这实际上是一种无效供给性增长。这种无效供给性增长，单靠市场调节是难以快速见效的，因而提出供给侧结构性改革的战略对策，快速对过剩产能及库存积压问题做出反应，为有效供给性增长打下了基础。无效供给性增长形成的一个重要原因是供给方没有风险意识，盲目扩张，盲目负债，因而消除无效供给性增长必须去杠杆，降低整个社会的杠杆率。制度的风险约束性不够，也是无效供给性形成的重要原因，经营者对过剩产能及库存没有风险约束，因而会在短期利益驱使下盲目扩张。必须有效推进制度改革，尤其是国有企业改革，实现有效的利益与风险约束（魏杰和汪浩，2018）。

二、协调性

国民经济协调发展意味着必须保持结构均衡。国民经济结构是指一个国家或地区一定生产关系下整个经济体系的构成比例。就经济体系而言，国民经济重大比例关系要合理，需考虑实现产业经济结构、区域经济结构、城乡经济结构，以及实体经济与虚拟经济等比例关系。国民经济各产业各区域及其内部的关系比较协调，如第一、第二、第三产业结构合理化以及东中西部区域、城乡之间发展差距缩小，消费、投资、出口协调拉动，社会再生产才能够顺利进行。就虚拟经济而言，要与实体经济保持合理的比例关系，如股票市场总市值与GDP之比要恰当。巴菲特提出一个判断市场估值高低的原则：如果所有上市公司总市值占GDP的比率在70%~80%，则买入股票长期而言可能会让投资者有相当不错的报酬，股票市场筹资较容易，可以较好地促进实体经济发展。由于美国和英国有大量国外上市企业，股票总市值占GDP高位常常在150%以上，属于高位区域。所以当比率在70%~80%，就是低谷区域了，大致相当于高位一半的位置。市场总市值与GDP之比的高低，反映了市场投资机会和风险度。因此，国民经济重大比例关系比较协调，说明经济发展比较平衡，意味着经济发展的质量较高。

三、均衡性

在经济高质量发展进程中，经济发展的速度和规模依旧重要，但是强调在更加宽广领域上均衡发展，国民经济均衡发展是经济高质量发展的基本特征之一。国民经济均衡发展意味着必须保持经济增速均衡，不能出现大起大落，在保持中高速的基础上获得经济持续稳定增长。中高速增长是指实际增长的速度能够达到潜在经济增长率。过快的经济增长速度，说明经济运行大体处于合理区间之外，由于受投资过热等各种因素的影响，不利于经济的稳定。经济运行越平稳，整个经济发展的稳定性越好，生产要素就越能得到有效配置与利用，经济发展质量就越高。

四、可持续性

经济高质量发展的重要特征是可持续性，包括环境的可持续性和社会的可持续性。环境的可持续性要求贯彻绿色发展理念，经济要持续发展，前提是必须要高效利用自然资源。环境是人类劳动创造价值的重要因素，也是经济发展的内在要素，保护自然环境是生产力可持续发展的重要条件，在保护环境的前提下进行生产活动，经济发展才能持续，人民福祉也才能有保障。粗放型经济增长建立在过度开采自然资源的基础上，甚至不惜以破坏生态环境为代价换取GDP的增加，忽视对生态环境的保护，严重危及我国的生态安全，导致经济发展质量过低。经济高质量发展必须要对工业化产生的废水、废气、固体垃圾进行良好的处理，因此，较低的环境代价必将纳入经济高质量发展的考量。如果经济增长能够带来环境质量的改进，满足人民群众对绿色生态环境的需求，经济高质量发展才有意义。

经济高质量发展的社会可持续性要坚持以人民为中心的发展思想，坚持发展为了人民、发展依靠人民、发展成果由人民共享。经济发展的最终目的是造福人民，提高人民福祉，如果经济发展没有达到这个目的，甚至造成了各个社会阶层之间的对立，那么这种经济发展就是以社会动荡为基础的经济发展，我们需要的显然不是这种经济发展。经济高质量发展的社会可持续性要求在经济发展中每个社会阶层的福祉都能随着经济发展而增加，虽然各个社会阶层的福祉增加水平有所不同，但都必须有相应的增加。为此，必须通过税收制度与社会保障制度形成有效的社会财富调节机制，保持社会稳定与经济繁荣，这是经济高质量发展的应有之义。

第四节　经济高质量发展评价指标体系

对经济高质量发展的内涵和基本特征理解不同，就会有不同的经济高质量发展评价指标构建角度和指标选取内容。有关经济高质量发展评价指标体系构建的观点主要有以下几种：魏敏和李书昊（2018）构建了涵盖经济结构优化、创新驱动发展、资源配置高效、市场机制完善、经济增长稳定、区域协调共享、产品服务优质、基础设施完善、生态文明建设和经济成果惠民10个方面的经济高质量发展水平测度体系。陈晓雪和时大红（2019）从创新、协调、绿色、开放、共享、有效六个维度构建了我国社会经济高质量发展指标体系。黄庆华、时培豪和刘晗（2019）从经济发展、创新驱动、生态文明建设、基础设施建设、社会民生5个方面构建经济高质量评价指标体系。鲁邦克、邢茂源和杨青龙从经济增长高质量、创新发展高质量、生态文明高质量和民生发展高质量四个维度构建了我国经济社会高质量发展的评价指标体系。马茹、罗晖和王宏伟等（2019）从高质量供给、高质量需求、发展效率、经济运行和对外开放五大维度构建了中国经济高质量发展评价指标体系。师博和张冰瑶（2019）从发展的基本面、社会成果和生态成果三个维度，测算全国地级以上城市经济高质量发展水平。史丹等（2019）从经济增长效率、创新能力、经济结构、增长稳定性、收入分配与人民生活、生态环境质量、基础建设、政府服务效率共8个方面选取指标；而王彤（2019）从绿色生态高质量、社会人文高质量、企业发展高质量、经济效率高质量、开放创新高质量、民生共享高质量6个方面选取指标。

总体来看，对经济高质量发展评价指标的构建是见仁见智，众多学者进行的这些有价值的探索，给我们提供了进一步研究的基础。我们认为，推进经济高质量发展，要坚定不移贯彻“创新、协调、绿色、开放、共享”的发展理念，从创新发展水平、协调发展水平、绿色发展水平、开放发展水平、共享发展水平五大方面来建经济高质量发展评价指标体系，可能能够较好地反映经济高质量发展的实际。

一、创新发展水平

创新是引领经济高质量发展的动力源。一个国家或地区的创新水平，很大程度上决定了这个国家或地区经济发展的基本面貌。把创新摆在事关发展全局的核心位置，以创新引领经济高质量发展。当前，新一轮科技革命和产业变革正处在实现重大突破的历史关口，以互联网、大数据、人工智能为代表的新一代信息技术日新月异，催生出互联网+、分享经济、3D打印、智能制造等新业态、新模式，展示着经济高质量发展的广阔前景。创新不仅改变着经济生产形态和市场格局，也极大地改变着人们的生活方式，创新越来越成为引领经济高质量发展的第一动力。创新反映在社会的方方面面，单一指标很难对其进行准确衡量，本书从创新投入、创新产出以及创新机制三个方面选取研发强度、专利授权数量、全要素生产率三个指标对创新发展水平进行评价。

二、协调发展水平

协调发展是贯彻新发展理念、建设现代化经济体系的重要组成部分，也是实现经济高质量发展的重要抓手。新时代我国社会的主要矛盾已经转化为人民日益增长的美好生活需要和不平衡不充分发展之间的矛盾，因而要保证高质量的协调发展就要解决好发展不平衡的问题。要推动经济的高质量发展，就需要推动协调发展。没有协调发展，就没有经济高质量发展。参考王海蕴（2018）和蔡之兵（2018）等的指标体系，从城乡结构、收入差异和人口结构三个方面选取城乡居民收入差异程度、相对人均 GDP 和人口老龄化程度三个指标对协调发展水平进行评价。

三、绿色发展水平

绿色发展是以资源节约、环境友好的方式获得经济发展，影响绿色发展的各要素具有关联性和系统整体性，绿色不是孤立存在的，必须系统整体把控，局部的绿色增长可能不会实现真正的绿色发展。生态环境系统指的是与人类生存发展息息相关的一切物质和关系的总称，包括气候、水土、生物等资源，美好的生态环境系统不仅意味着清新干净的生活环境，更预示着人类是否能够实现可持续发展的目标，新时代经济高质量发展绝不能以牺牲环境为代价。绿色发展是发展方式的根本性转变，是发展质量和效益的突破性提升。参考石宝雅（2018）、侯丽华（2018）、邓宏兵（2018）、金乐琴（2018），本书从资源利用和生态保护两个方面选取单位 GDP 能源消耗、森林覆盖率两个指标对绿色发展水平进行评价。

四、开放发展水平

在开放经济中，商品、劳务与资本等要素可以自由跨国流动，从而实现资源优化配置，提高经济增长效率。改革开放以来，我国持续深化对外经贸和投资领域的体制机制改革，从靠政策优惠、低廉的劳动力成本、市场换技术等初级开放，逐步转变为打造法治化、国际化、便利化营商环境等高级开放。通过对外开放牵引乃至倒逼对内深化改革、技术水平和产品及服务质量的有效提升，推动企业强化自主创新以突破关键核心技术，促进技术结构、产品结构、行业结构、能源结构、人力资源结构、经济结构持续优化升级。当前，我国经济发展由高速增长阶段转向高质量发展阶段。着力发展开放型经济，将有助于提高现代化经济体系的国际竞争力。以新一轮高水平对外开放促改革、促发展、促创新、促转型，是实现经济高质量发展的必由之路。为度量开放发展水平，参考杨丹辉（2018）和马明龙（2018）等的评价指标体系，本书从贸易发展和投资发展两个方面选取外贸依存度、对外投资发展程度两个指标进行评价。

五、共享发展水平

共享是增进人民福祉、促进经济高质量发展的必然要求。坚持共享发展，就是要坚持发展为了人民、发展依靠人民、发展成果由人民共享。让共享成为经济高质量发展“最终目的”，才能充分调动全体人民的积极性、主动性、创造性，社会发展才有了最深厚的动力源泉。经济发展质量高低的一个重要标准就是人民的获得感是否在增强，人民的受教育程度、文化和社会福利是否在不断提升。本书通过构建城乡居民人均可支配收入增速、民生财政支出占比、人口受教育程度及互联网普及率四个方面指标来衡量各地区共享发展水平。

根据本书指标体系和指标选取情况，编制经济高质量发展评价指标体系框架如表 4-1 所示。

表 4-1　经济高质量发展评价指标体系框架

一级指标	二级指标	三级指标
经济高质量发展	创新发展水平	创新投入：研发强度
		创新产出：专利授权数量
		创新机制：全要素生产率
	协调发展水平	城乡结构：城乡居民收入差异程度
		收入差距：相对人均 GDP
		人口结构：人口老龄化程度

续表

一级指标	二级指标	三级指标
经济高质量发展	绿色发展水平	资源利用：单位 GDP 能源消耗
		生态保护：森林覆盖率
	开放发展水平	贸易发展：外贸依存度
		投资发展：对外投资发展程度
	共享发展水平	经济领域：城镇失业率
		政治领域：民生财政支出占比
		文化领域：人口受教育程度
		社会领域：互联网普及率

05 第五章

区域经济高质量发展测度与差异分析

目前，学术界对经济高质量发展的区域差异研究结论存在两种分歧：一部分学者认为区域经济高质量发展差异及不平衡程度逐渐扩大，另一部分学者则认为区域经济高质量发展差异正在逐步缩小，且区域间协调发展水平越来越高。本章拟对我国经济高质量发展的区域差异进行测算与分析。

第一节　区域经济高质量发展测度

一、经济高质量发展指标权重设置

经济高质量发展是由创新发展水平、协调发展水平、绿色发展水平、开放发展水平及共享发展水平五个子系统组成的复杂系统，各子系统中的评价指标是可测的，具有相关性的，但经济高质量发展的各子系统之间的属性不可测，故更适合用层次分析法来确定权重，本章仍运用层次分析法确定创新发展水平、协调发展水平、绿色发展水平、开放发展水平、共享发展水平这五个经济高质量发展二级指标的权重，具体指标权重设置见表 5-1。

表 5-1　经济高质量发展指标设置

一级指标	二级指标（权重）	三级指标（权重）
经济高质量发展	创新发展水平（32.29%）	创新投入：研发强度（49.33%）
		创新产出：专利授权数量（31.06%）
		创新机制：全要素生产率（19.61%）
	协调发展水平（24.47%）	城乡结构：城乡居民收入差异程度（49.37%）
		收入差距：相对人均 GDP（31.05%）
		人口结构：人口老龄化程度（19.58%）
	绿色发展水平（10.65%）	资源利用：单位 GDP 能源消耗（66.66%）
		生态保护：森林覆盖率（33.34%）
	开放发展水平（18.54%）	贸易发展：外贸依存度（66.66%）
		投资发展：对外投资发展程度（33.34%）
	共享发展水平（14.05%）	经济领域：城镇失业率（39.07%）
		政治领域：民生财政支出占比（27.62%）
		文化领域：人口受教育程度（19.50%）
		社会领域：互联网普及率（13.81%）

二、区域经济高质量发展测度

（一）区域划分与数据来源

本书选取了2008~2017年我国30个省市区为研究样本，按经济区域划分标准，将其划分为东部地区、中部地区、西部地区和东北地区共四个区域，如表5-2所示。数据源自2009~2018年《中国统计年鉴》，本书研究的对象是2013~2017年全国各省市区经济发展质量，因而数据和相关指标的选取紧紧围绕经济发展质量来进行。本书的数据来源主要有《中国统计年鉴》《中国环境统计年鉴》《中国教育年鉴》《中国卫生和计划生育统计年鉴》以及各省统计年鉴。对于少量缺失的数据采用3年平均数补齐数据。

表 5-2 区域划分

区域	省市区
东部地区（10 个）	北京、天津、江苏、浙江、上海、河北、山东、广东、福建、海南
中部地区（6 个）	山西、安徽、江西、河南、湖北、湖南
西部地区（11 个）	重庆、四川、云南、青海、贵州、宁夏、广西、陕西、甘肃、新疆、内蒙古
东北地区（3 个）	辽宁、黑龙江、吉林

（二）区域经济高质量发展测度

区域经济高质量发展指标性质分为正向指标和逆向指标，正向指标是代表经济高质量发展向上或向前发展、增长的指标，这些指标值越大，经济高质量发展评价就越好。逆向指标是代表经济高质量发展向下或向后恶化的指标，这些指标值越小，经济高质量发展评价就越好。正向指标和逆向指标不同的处理方法，请参考第三章相关内容。区域经济高质量发展指标具体测度见表 5-3。

表 5-3 经济高质量发展指标具体测度

二级指标	三级指标	具体测度	指标类型
创新发展水平	创新投入：研发强度	研发经费支出/GDP	+
	创新产出：专利授权数量	发明专利授权量	+
	创新机制：全要素生产率	索洛余值法（SR）进行测算	+
协调发展水平	城乡结构：城乡居民收入差异程度	城镇居民可支配收入/农村居民人均纯收入	-
	收入差距：相对人均 GDP	本省人均 GDP/全国人均 GDP	+
	人口结构：人口老龄化程度	老年人口/总人口	-
绿色发展水平	资源利用：单位 GDP 能源消耗	能源消费总量/GDP	-
	生态保护：森林覆盖率	森林面积/土地总面积	+
开放发展水平	贸易发展：外贸依存度	进出口总额/GDP	+
	投资发展：对外投资发展程度	对外直接投资/GDP	+
共享发展水平	经济领域：城镇失业率	城镇登记失业率	-
	政治领域：民生财政支出占比	民生财政支出/财政总支出	+
	文化领域：人口受教育程度	人口平均受教育年限	+
	社会领域：互联网普及率	互联网用户数/常住人口总数	+

发明专利较实用新型专利与外观设计专利相比含金量更高，故将发明专利授权量作为创新产出的代理变量。全要素生产率可体现创新发展背后的制度因

素，故将全要素生产率作为创新机制的代理变量，本书全要素生产率的测算采用增长指数核算法中的索洛余值法（SR）进行测算，其基本形式见式（5-1）。

$$tfp_t = \frac{dA_t}{A_t} = \frac{dy_t}{y_t} - \sum \alpha_i \frac{dx_{it}}{x_{it}} \quad \text{式（5-1）}$$

其中，y_t 表示总产出，$x_t = (x_{it}, x_{2t}, \cdots, x_{nt})$ 表示要素投入向量，A_t 表示完全竞争与规模报酬不变假定下的希克斯中性技术系数，$\alpha_i = (\partial_{yt}/\partial x_{it})(x_{it}/y_t)$ 表示各投入要素贡献的产出份额。

人口受教育程度的测算是以 Thomas 提出的教育基尼系数为主，计算公式见式（5-2）：

$$GINI = \left(\frac{1}{n}\right) \sum_{i=2}^{n} \sum_{j=1}^{i-1} p_i p_j |y_i - y_j|$$

$$h = \sum_{i=1}^{n} p_i y_i \quad \text{式（5-2）}$$

其中，h 为平均受教育的年限，p_i、p_j 分别为同一受教育水平的人口比率，y 为同一受教育水平所代表的教育年限。

经济高质量发展综合指数计算办法同金融创新综合指数计算办法一样，这里不再赘述。

按照上面经济高质量发展指标的测算方法计算得到 2008~2017 年我国 30 个省市区经济高质量发展综合指数，如表 5-4 所示。

表 5-4　2008~2017 年 30 个省市区经济高质量发展综合指数

地区	2008 年	2009 年	2010 年	2011 年	2012 年	2013 年	2014 年	2015 年	2016 年	2017 年
北京	0.7603	0.7627	0.7504	0.7374	0.7415	0.7306	0.7626	0.6909	0.6864	0.6824
天津	0.5171	0.4997	0.4637	0.4590	0.4621	0.4770	0.5214	0.4979	0.5274	0.4717
河北	0.3221	0.3204	0.3052	0.3011	0.3078	0.3113	0.3153	0.3131	0.3015	0.3107
上海	0.6561	0.6699	0.6418	0.6196	0.6120	0.5567	0.6000	0.5930	0.6015	0.6392
江苏	0.5570	0.5872	0.5674	0.5565	0.5558	0.5455	0.5580	0.5560	0.5390	0.5337
浙江	0.6058	0.6214	0.5917	0.5637	0.5754	0.5859	0.6034	0.5930	0.5865	0.6046
福建	0.4360	0.4465	0.4354	0.4310	0.4322	0.4407	0.4608	0.4634	0.4418	0.4328
山东	0.4426	0.4445	0.4217	0.4114	0.4094	0.4164	0.4183	0.4178	0.4171	0.4157
广东	0.6378	0.6536	0.6279	0.6121	0.6165	0.6402	0.6679	0.6708	0.6727	0.6613
海南	0.3793	0.3846	0.3639	0.3634	0.3496	0.3790	0.3712	0.3522	0.3342	0.3406
山西	0.2735	0.2614	0.2374	0.2297	0.2343	0.2550	0.2330	0.2287	0.2293	0.2278

续表

地区	2008年	2009年	2010年	2011年	2012年	2013年	2014年	2015年	2016年	2017年
安徽	0.3112	0.3222	0.3048	0.3067	0.3146	0.3388	0.3382	0.3506	0.3339	0.3398
江西	0.3829	0.3812	0.3629	0.3549	0.3497	0.3366	0.3428	0.3526	0.3502	0.3601
湖南	0.3069	0.3095	0.3006	0.3021	0.3189	0.3196	0.3284	0.3282	0.3176	0.3264
湖北	0.3352	0.3430	0.3298	0.3288	0.3452	0.3707	0.3890	0.3963	0.3971	0.4108
河南	0.3195	0.3264	0.3086	0.3090	0.3241	0.3371	0.3455	0.3495	0.3485	0.3668
重庆	0.2601	0.2648	0.2543	0.2694	0.3018	0.3118	0.3356	0.3440	0.3354	0.3537
四川	0.3223	0.3298	0.3122	0.2919	0.3078	0.3071	0.3072	0.3200	0.3169	0.3255
贵州	0.1775	0.1765	0.1618	0.1633	0.1850	0.2100	0.2207	0.2242	0.2135	0.2179
云南	0.2480	0.2513	0.2396	0.2454	0.2497	0.2683	0.2634	0.2742	0.2815	0.2884
广西	0.2732	0.2754	0.2552	0.2539	0.2609	0.2846	0.2932	0.3103	0.3150	0.3288
陕西	0.2919	0.3100	0.2969	0.2959	0.2965	0.3034	0.3080	0.3161	0.3184	0.3078
甘肃	0.2652	0.2670	0.2523	0.2403	0.2558	0.2177	0.2141	0.2127	0.2090	0.2163
青海	0.1766	0.1831	0.1778	0.1743	0.2309	0.2089	0.2145	0.2171	0.2057	0.2095
宁夏	0.1741	0.1801	0.1653	0.1560	0.1635	0.1779	0.2111	0.2158	0.1879	0.2087
新疆	0.2240	0.2310	0.2282	0.2457	0.2754	0.2539	0.2490	0.2427	0.2352	0.2402
内蒙古	0.3176	0.3090	0.2794	0.2762	0.2767	0.2570	0.2569	0.2566	0.2413	0.2475
辽宁	0.4310	0.4004	0.4001	0.3932	0.3935	0.3513	0.3323	0.3273	0.3113	0.3065
吉林	0.3495	0.3554	0.3477	0.3475	0.3463	0.3410	0.3372	0.3281	0.3139	0.3150
黑龙江	0.3525	0.3560	0.3399	0.3478	0.3562	0.3269	0.3210	0.2964	0.2774	0.2822

第二节 经济高质量发展的区域差异分析

一、经济高质量发展的总体差异分析

（一）经济高质量发展的时间差异分析

2008~2017年我国东部、中部、西部、东北地区及全国的经济高质量发展情况见表 5-5。从时间演化趋势来看，2008~2017 年，全国经济高质量发展水平最高值为 2009 年的 0.3741，最低值为 2011 年的 0.3529，十年间最高值和最低值相差 0.0213，呈现出较小幅度的波动，总体变化不大，处于较为平稳的状态，但数值不够大，说明推进经济高质量发展任务艰巨且意义重大。新时代我国经济发展的基本特征，就是由高速增长阶段转向高质量发展阶段。推动经济高质量发展，成为遵循经济规律发展的必然要求。

表 5-5 2008~2017 年四大地区及全国经济高质量发展指数

年份	东部地区	中部地区	西部地区	东北地区	全国
2008	0.5314	0.3215	0.2482	0.3777	0.3702
2009	0.5391	0.3240	0.2525	0.3706	0.3741
2010	0.5169	0.3073	0.2384	0.3626	0.3575
2011	0.5055	0.3052	0.2375	0.3628	0.3529
2012	0.5062	0.3145	0.2549	0.3653	0.3616
2013	0.5083	0.3263	0.2546	0.3397	0.3620
2014	0.5279	0.3295	0.2613	0.3302	0.3707
2015	0.5148	0.3343	0.2667	0.3173	0.3680
2016	0.5108	0.3294	0.2600	0.3009	0.3616
2017	0.5093	0.3386	0.2677	0.3012	0.3657

为直观反映经济高质量发展整体水平，本书利用 2008~2017 年东部、中部、西部、东北地区及全国的经济高质量发展综合指数均值，绘制了图 5-1。从图 5-1 可以看出中，十年间，全国经济高质量发展综合指数在（0.3，0.4）的区间运行；东部经济高质量发展综合指数在（0.5，0.6）的区间运行，且远高于全国经济高质量发展水平；中部和西部地区经济高质量发展综合指数均低于全国经济高质量发展综合指数；中部地区经济高质量发展综合指数在（0.3，0.4）的区间运行并缓慢地上升，西部经济高质量发展综合指数在（0.2，0.3）的区间运行也缓慢地上升，但东北地区 2008~2012 年经济高质量发展综合指数稍高于或与全国经济高质量发展综合指数持平，2012~2017 下降趋势明显，呈现出增长动力不足的态势。

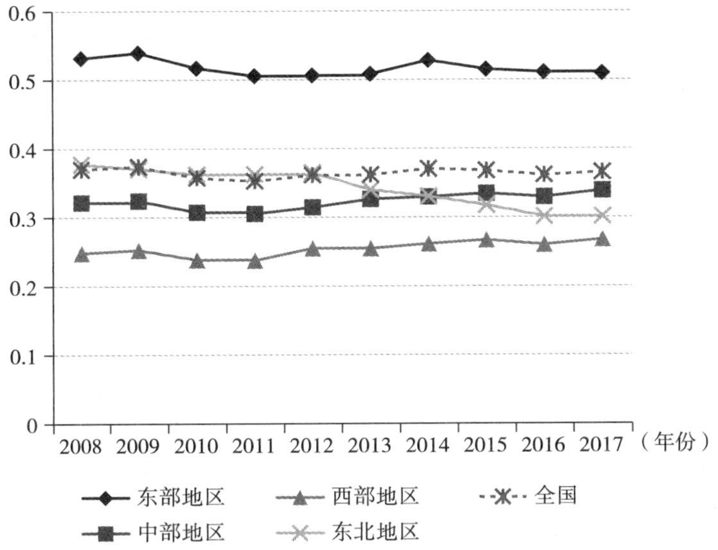

图 5-1 2008~2017 年四大区域及全国经济高质量发展水平时间演变趋势

（二）经济高质量发展的空间差异分析

为直接反映各地区经济高质量发展水平，并可以直观地比较当前中国各地区经济高质量发展水平的差异，对其经济高质量发展水平情况进行了基本分类，并划分为低水平层次（0.184≤经济高质量发展综合指数<0.303）、中水平层次（0.303≤经济高质量发展综合指数≤0.421）、较高水平层次（0.421<经济高质量发展综合指数≤0.556）、高水平层次（经济高质量发展综合指数>0.556）四个等级，并依据其划分结果，可以得出全国 30 个省市区经济高质量发展水平的层次划分，具体如表 5-6 所示。

表 5-6 全国 30 个省市区经济高质量发展水平的层次划分

类型	高水平层次	较高水平层次	中水平层次	低水平层次
省市区	北京、广东、上海、浙江	江苏、天津、福建	山东、辽宁、湖北、海南、江西、吉林、河南、安徽、黑龙江、湖南、四川、河北、陕西、重庆	广西、内蒙古、云南、新疆、山西、甘肃、青海、贵州、宁夏

经济高质量发展处于高水平层次的地区有北京、广东、上海、浙江。2008~

2017年，北京、广东、上海、浙江经济高质量发展综合指数均值分别达到0.7305、0.6461、0.6190、0.5931，在国内处于领先的位置。这主要得益于北京、广东、上海、浙江在推动经济高质量发展上取得了明显的进展。北京坚持减量发展和坚定有序推动非首都功能疏解，一般制造业、区域批发市场等控增量和疏存量工作稳步推进，发挥科技和人才优势，加快高新技术产业和现代服务业的发展，实现了北京产业结构的转化，延续了稳中向好、稳中提质的经济发展态势，主要经济指标保持在合理区间，高端制造业继续引领工业增长，迈向经济高质量发展起步良好。广东国内生产总值多年来连续稳居全国第一位，是中国第一经济大省；2008~2017年，深化体制、机制改革创新，以珠三角核心区为龙头，带动广东全省发展；构建区域协同创新发展的制度环境，整合港澳以及国家、国际优势创新资源，吸引更多的科技人才和资源进入珠三角，积极为各类人才创造良好的工作生活环境，推进“广州—深圳—香港—澳门”科技创新走廊建设，创新能力继续保持全国前列；以环保标准绿色规制淘汰污染落后产能，给予企业必要的整治时间，建设环保产业园，为小微散乱企业绿色发展、升级发展提供平台和载体；经济结构调整稳步推进，创新驱动型经济发展特征更加凸显，先进制造业和高技术制造业占规模以上工业增加值比重在上升，发挥市场优胜劣汰机制，剥离僵尸企业去产能，迈向高质量发展开端良好。上海是中国最大的经济中心城市，发挥科技和人才优势，瞄准世界科技前沿，加强科技创新前瞻布局，聚焦关键领域，集合精锐力量，使创新成为高质量发展的强大动能；主动推动质量变革、效率变革、动力变革，在提高投入产出效率上下功夫，在提升配置全球资源能力上下功夫，加快建设现代化经济体系；加快建设实体经济、科技创新、现代金融、人力资源协同发展的产业体系，大力发展先进制造业和战略性新兴产业，提升了上海的影响力和竞争力，助推了经济高质量发展。浙江历经多年领跑全国高速增长，经济质量的重心已坚定地向寻求质量转变；十多年来，浙江省坚持不懈地抓数字经济发展，勇当数字经济先行者，电子商务、云计算、大数据、数字安防等产业影响力不断提升，数字经济已成为引领经济高质量发展的新引擎；积极推进互联网、大数据、人工智能与实体经济深度融合，以制造业数字化转型为突破口，大力发展工业互联网，实施企业上云和智能化改造行动，赋能实体经济焕发新动能，推动高质量发展迈上新台阶。

经济高质量发展处于较高水平层次的地区主要包括江苏、天津、福建。2008~2017年，三地得分均值分别达到0.5556、0.4897、0.4421，在国内处于比较领先的地位。多年来，江苏坚持走规模与质量齐头共进的发展之路，形成了产能强大、门类齐全的工业体系，积累了较为充裕的物质资本、科技基础和管理经验；与全国平均水平相比，江苏具有“高起点开局”的优势，发展水平、产业基础和创新能力居全国前列，经济高质量发展处于全国比较领先的地位。近年来，天津在结构调整、产业转型上“咬定青山不放松”，注重发展质量和发展效益，坚定走高质量发展之路，做足智能化、大数据、云计算的文章，用新技术赋能传统产业，在原有制造业门类齐全的基础上，智能制造异军突起，创新发展的生态链正逐步形成并日臻完善。福建坚持用市场化、法治化手段，化解原煤、成品钢材等领域过剩产能，对僵尸企业采取依法淘汰、引导退出、关停出清等方式分类处置，推动这些行业焕发新活力，让稀缺资源流向新产业、新业态、新产品，依靠创新的强大引擎，以“高素质”实体经济推动高质量发展。

经济高质量发展处于中水平层次的地区主要包括山东、辽宁、湖北、海南、江西、吉林、河南、安徽、黑龙江、湖南、四川、河北、陕西、重庆。其中东部地区 3 个，中部地区 5 个，西部地区 3 个，东北地区 3 个，意味着在全国层面，这些地区经济高质量发展处于中水平层次。近年来，山东经济整体呈现出稳定、向好的发展态势，大力实施新旧动能转换，坚持以供给侧结构改革为主线，为长远发展奠定坚实基础，推进经济高质量发展。东北地区是我国计划经济时期重化工业、装备制造业高度集聚的典型区域，在国家发展全局中占据重要地位，自 2003 年实施东北振兴战略以来，东北经济得到一定发展，但伴随我国经济进入新常态，东北经济下行压力愈发沉重，需要转变经济发展方式，来实现高质量发展。其他地区抓住西部大开发、中部崛起等区域战略机遇，推动区域经济高质量发展。

经济高质量发展处于低水平层次的地区主要包括广西、内蒙古、云南、新疆、山西、甘肃、青海、贵州、宁夏。其中中部地区 1 个，西部地区 8 个，东部地区和东北地区 1 个都没有，意味着在全国层面，这些地区经济高质量发展处于相对较低的层次。这些地区自身经济发展基础相对较差，基础设施建设落后、人力资源整体质量偏低、研发经费投入不足，导致经济高质量发展动力不足，经济高质量发展水平偏低。因此，这些地区未来应因地制宜地补短板、强弱项，优化经济结构，转变经济增长方式，推动区域经济高质量发展。

二、经济高质量发展子系统的差异分析

下面分别从创新发展水平、协调发展水平、绿色发展水平、开放发展水平以及共享发展水平这经济高质量发展的五个子系统进行分析。

（一）创新发展水平

创新发展，注重的是解决经济高质量发展的动力问题。因此，创新发展水平是经济高质量发展的最重要组成部分，经济高质量发展水平的提升受制于创新发展水平的高低。2008~2017 年全国 30 个省市区创新发展水平如表 5-7 所示。

表 5-7　2008~2017 年全国 30 个省市区创新发展水平

地区	2008 年	2009 年	2010 年	2011 年	2012 年	2013 年	2014 年	2015 年	2016 年	2017 年	均值
北京	0.6574	0.6642	0.6427	0.6200	0.6226	0.6554	0.7006	0.6904	0.7048	0.6936	0.6652
天津	0.3195	0.3022	0.2835	0.2761	0.2865	0.3130	0.3233	0.3375	0.3359	0.2837	0.3061
河北	0.1953	0.1895	0.1661	0.1412	0.1399	0.1459	0.1513	0.1771	0.1658	0.1694	0.1642
上海	0.4393	0.4698	0.4314	0.4150	0.4185	0.4442	0.4792	0.4404	0.4902	0.5064	0.4534
江苏	0.5303	0.6296	0.6185	0.6193	0.6311	0.6395	0.6442	0.6471	0.6146	0.5559	0.6130
浙江	0.5507	0.5716	0.5301	0.4647	0.4880	0.5368	0.5722	0.5848	0.5571	0.4942	0.5350
福建	0.2574	0.2631	0.2475	0.2294	0.2289	0.2397	0.2465	0.2740	0.2735	0.2635	0.2524
山东	0.3808	0.3865	0.3728	0.3503	0.3556	0.3757	0.3923	0.4104	0.4067	0.3929	0.3824
广东	0.6150	0.6321	0.5946	0.5419	0.5296	0.5861	0.6513	0.6796	0.6969	0.7081	0.6235
海南	0.0490	0.0520	0.0308	0.0056	0.0080	0.0094	0.0123	0.0094	0.0115	0.0136	0.0202
山西	0.1784	0.1901	0.1566	0.1307	0.1285	0.1351	0.1252	0.1198	0.1037	0.0677	0.1336
安徽	0.2281	0.2512	0.2283	0.2258	0.2349	0.2599	0.2714	0.2816	0.2723	0.2647	0.2518
江西	0.1876	0.1833	0.1559	0.1209	0.1164	0.1233	0.1312	0.1495	0.1569	0.1654	0.1490
湖南	0.2428	0.2566	0.2408	0.2228	0.2277	0.2303	0.2383	0.2500	0.2456	0.2578	0.2413
湖北	0.2926	0.3161	0.2949	0.2689	0.2642	0.2712	0.2789	0.2910	0.2794	0.2830	0.2840
河南	0.1961	0.2137	0.1988	0.1772	0.1764	0.1836	0.1976	0.2121	0.2077	0.2092	0.1972
重庆	0.1901	0.2058	0.1909	0.1687	0.1742	0.1811	0.1921	0.2145	0.2287	0.2307	0.1977
四川	0.2645	0.2953	0.2767	0.2203	0.2281	0.2426	0.2587	0.2771	0.2695	0.2572	0.259
贵州	0.1044	0.1131	0.0952	0.0710	0.0692	0.0726	0.0797	0.0808	0.0732	0.0794	0.0839

续表

地区	2008 年	2009 年	2010 年	2011 年	2012 年	2013 年	2014 年	2015 年	2016 年	2017 年	均值
云南	0. 1658	0. 1583	0. 1436	0. 1211	0. 1163	0. 1194	0. 1073	0. 1370	0. 1237	0. 1207	0. 1313
广西	0. 1461	0. 1442	0. 1292	0. 1047	0. 1003	0. 0991	0. 0951	0. 0947	0. 0862	0. 0860	0. 1086
陕西	0. 2722	0. 3106	0. 2724	0. 2391	0. 2356	0. 2573	0. 2604	0. 2768	0. 2899	0. 2599	0. 2674
甘肃	0. 1302	0. 1342	0. 1042	0. 0729	0. 0795	0. 0831	0. 0904	0. 1001	0. 0978	0. 0966	0. 0989
青海	0. 0657	0. 0853	0. 0638	0. 0321	0. 0195	0. 0166	0. 0130	0. 0018	0. 0000	0. 0077	0. 0306
宁夏	0. 0979	0. 1011	0. 0683	0. 0390	0. 0366	0. 0394	0. 0437	0. 0465	0. 0463	0. 0664	0. 0585
新疆	0. 0217	0. 0217	0. 0190	0. 0350	0. 0811	0. 0694	0. 0676	0. 0757	0. 0674	0. 0702	0. 0529
内蒙古	0. 1642	0. 1612	0. 1478	0. 1287	0. 1230	0. 1167	0. 1046	0. 1250	0. 1087	0. 1019	0. 1282
辽宁	0. 3098	0. 3024	0. 2748	0. 2514	0. 2248	0. 2251	0. 2085	0. 1941	0. 2191	0. 2220	0. 2432
吉林	0. 1699	0. 1882	0. 1463	0. 1198	0. 1212	0. 1192	0. 1195	0. 1303	0. 1144	0. 1044	0. 1333
黑龙江	0. 2114	0. 2187	0. 1862	0. 1502	0. 1496	0. 1504	0. 1406	0. 1399	0. 1252	0. 1169	0. 1589

从创新发展水平的时间演化来看，2008~2017 年中国创新发展水平呈现振幅较小的平缓波浪型变动的趋势，2008 年为 0. 2545，2009 年上升为 0. 2671，之后下降到 2011 年的 0. 2188，然后一直上升到 2015 年的 0. 2483，然后小幅下降到 2017 年的 0. 2383，见表 5-8。由此可见，中国创新发展水平还不够稳定。创新作为引领发展的第一动力，决定经济发展的速度、规模、结构、质量和效益。只有把创新发展放在我国发展全局的核心位置，才能促进经济高质量发展。

表 5-8 2008~2017 年四大区域和全国创新发展水平

年份	东部地区	中部地区	西部地区	东北地区	全国
2008	0. 3995	0. 2209	0. 1475	0. 2304	0. 2545
2009	0. 4161	0. 2352	0. 1573	0. 2364	0. 2671
2010	0. 3918	0. 2126	0. 1374	0. 2024	0. 2437
2011	0. 3663	0. 1910	0. 1121	0. 1738	0. 2188
2012	0. 3709	0. 1914	0. 1149	0. 1652	0. 2205
2013	0. 3946	0. 2006	0. 1179	0. 1649	0. 2314
2014	0. 4173	0. 2071	0. 1193	0. 1562	0. 2399
2015	0. 4251	0. 2173	0. 1300	0. 1548	0. 2483
2016	0. 4257	0. 2109	0. 1265	0. 1529	0. 2458
2017	0. 4081	0. 2080	0. 1252	0. 1478	0. 2383

就四大区域而言，2008~2017年，东部地区创新发展水平呈小幅上升的趋势，但高于全国创新发展水平，也远远高于其他三大区域的创新发展水平，大致为其他三大区域创新发展水平的两倍，可见，东部地区创新发展走在全国前列。除东部地区外，其他三大区域创新发展水平均低于全国创新发展水平，中部地区创新发展水平在四大区域中排名第二，东北地区创新发展水平在四大区域中排名第三，西部地区创新发展水平在四大区域中排名最后。中部与西部地区创新发展水平呈现平缓波浪型变动的小幅下降趋势，但东北地区创新发展水平下降趋势明显且幅度较大，见图5-2。

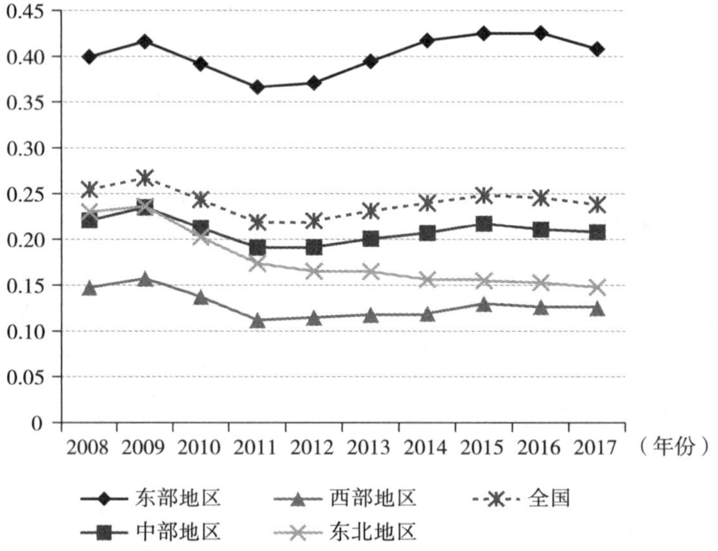

图5-2　2008~2017年四大区域及全国创新发展水平时间演变趋势

从创新发展水平的空间格局来看，高水平的创新发展水平集中于东部地区，创新发展水平较低的地区主要集中于中西部地区。依据具体的空间分布格局可以看出，创新发展水平排名前七位的地区分别为北京（0.6652）、广东（0.6235）、江苏（0.6130）、浙江（0.5350）、上海（0.4534）、山东（0.3824）和天津（0.3061），且均隶属于东部地区，主要原因在于该类地区作为国家的发达地区，创新人才比率远低于全国水平数量，创新意识强烈，科技创新投入占GDP的比例高，在全国处于遥遥领先的地位。与之对应的是创新发展水平得分最低的八个地区，分别为海南（0.0202）、青海（0.0306）、新疆（0.0529）、宁夏（0.0585）、贵州（0.0839）、甘肃（0.0989）、广西

（0.1086）和内蒙古（0.1282），除海南外，其他七个地区集中在西部地区。这主要是因为受制于当地市场主体特别是企业数量相对比较少，创新人才比率又远低于全国水平，创新意识薄弱，科技创新投入不足，制约了创新发展水平的提升。总的来看，中国创新发展水平存在明显的地域差异性，且呈现东部地区遥遥领先、中部和东北地区居中，而西部地区相对落后的格局。

（二）协调发展水平

协调发展，注重的是解决经济高质量发展中的不平衡问题。因此，协调发展水平也是经济高质量发展的应有之义，只有注重协调发展，才能协同推进经济高质量发展。2008~2017 年全国 30 个省市区协调发展水平如表 5-9 所示。

表 5-9　2008~2017 年 30 个省市区协调发展水平

地区	2008 年	2009 年	2010 年	2011 年	2012 年	2013 年	2014 年	2015 年	2016 年	2017 年	均值
北京	0.8980	0.8999	0.8855	0.8641	0.8781	0.6945	0.7153	0.6581	0.6467	0.6279	0.7768
天津	0.8989	0.8826	0.8382	0.8639	0.8677	0.8551	0.8693	0.8991	0.8675	0.8361	0.8678
河北	0.5592	0.5374	0.5195	0.547	0.5594	0.5179	0.5181	0.4835	0.4739	0.4623	0.5178
上海	0.9879	0.9767	0.9175	0.8831	0.8466	0.7117	0.7585	0.6714	0.7003	0.7170	0.8171
江苏	0.7311	0.7101	0.6688	0.6577	0.6510	0.6040	0.6358	0.6123	0.6109	0.6041	0.6486
浙江	0.7707	0.7645	0.7290	0.7290	0.7306	0.7292	0.7297	0.6847	0.6893	0.6921	0.7249
福建	0.5483	0.5441	0.5077	0.5386	0.5728	0.6106	0.6402	0.6116	0.5999	0.5861	0.5760
山东	0.5816	0.5665	0.5255	0.5340	0.5322	0.5109	0.5173	0.5051	0.5188	0.5257	0.5318
广东	0.5889	0.5845	0.5610	0.6050	0.6149	0.5811	0.5623	0.6023	0.6020	0.5944	0.5896
海南	0.5939	0.5857	0.5132	0.5284	0.5234	0.4949	0.5274	0.5211	0.5453	0.5595	0.5393
山西	0.4702	0.4426	0.3842	0.3956	0.4051	0.4233	0.4097	0.3801	0.4064	0.4217	0.4139
安徽	0.4267	0.4087	0.3886	0.3700	0.3835	0.4039	0.4254	0.3966	0.4092	0.4176	0.4030
江西	0.5984	0.5874	0.5528	0.5702	0.5586	0.4898	0.4890	0.5012	0.5052	0.5026	0.5355
湖南	0.3873	0.3770	0.3653	0.3743	0.3975	0.3875	0.3953	0.3796	0.3789	0.3722	0.3815
湖北	0.4473	0.4359	0.4280	0.4488	0.4865	0.5369	0.5464	0.5155	0.5166	0.5205	0.4882
河南	0.4910	0.4822	0.4591	0.4830	0.5001	0.5049	0.5201	0.4925	0.5092	0.5137	0.4956
重庆	0.3290	0.3043	0.2869	0.3040	0.3001	0.3308	0.3363	0.3600	0.3775	0.3849	0.3314
四川	0.4618	0.4340	0.3784	0.3685	0.3499	0.3209	0.3065	0.3228	0.3332	0.3353	0.3611
贵州	0.1088	0.0936	0.0810	0.1021	0.1168	0.1334	0.1594	0.1654	0.1885	0.2029	0.1352
云南	0.1405	0.1455	0.1349	0.1706	0.1827	0.2218	0.2127	0.2351	0.2584	0.2726	0.1975

续表

地区	2008 年	2009 年	2010 年	2011 年	2012 年	2013 年	2014 年	2015 年	2016 年	2017 年	均值
广西	0.2371	0.2242	0.1954	0.2284	0.2521	0.3350	0.3412	0.3445	0.3793	0.4013	0.2939
陕西	0.2426	0.2407	0.2445	0.2830	0.2835	0.2993	0.2982	0.2956	0.3030	0.3060	0.2796
甘肃	0.1431	0.1511	0.1327	0.1369	0.1577	0.1299	0.1384	0.1243	0.1166	0.1099	0.1341
青海	0.3113	0.3230	0.3201	0.3782	0.4160	0.3498	0.3649	0.3572	0.3604	0.3559	0.3537
宁夏	0.4319	0.4498	0.4396	0.4487	0.4589	0.4594	0.4715	0.4621	0.4590	0.4524	0.4533
新疆	0.4166	0.4528	0.4717	0.5086	0.5496	0.5110	0.4968	0.4457	0.4399	0.4334	0.4726
内蒙古	0.6596	0.6283	0.5678	0.5873	0.5842	0.5146	0.4992	0.4739	0.4706	0.4615	0.5447
辽宁	0.6741	0.6508	0.6251	0.6341	0.6380	0.5223	0.4746	0.4281	0.3776	0.3197	0.5344
吉林	0.7056	0.7061	0.7228	0.7163	0.6823	0.6101	0.6026	0.5546	0.5699	0.5771	0.6447
黑龙江	0.6712	0.6541	0.6559	0.6822	0.6901	0.5773	0.5768	0.5180	0.4959	0.4749	0.5996

从协调发展水平的时间演化来看，2008~2017 年中国协调发展水平呈现振幅较小的平缓波浪型变动的趋势，从 2008 年的 0.5171 下降到 2010 年的 0.4834，又转升到 2012 年的 0.5057，之后呈现更加小幅的波动，2017 年中国协调发展水平为 0.4680，见表 5-10。由此可见，中国协调发展水平围绕 0.5 左右波动，相对比较稳定。区域、城乡协调发展了，我国发展就有了崭新的空间布局、合理的利益格局，就会获得广阔的发展空间和充足发展后劲。

表 5-10 2008~2017 年四大区域和全国协调发展水平

年份	东部地区	中部地区	西部地区	东北地区	全国
2008	0.7159	0.4702	0.3166	0.6836	0.5171
2009	0.7052	0.4556	0.3134	0.6703	0.5081
2010	0.6666	0.4297	0.2957	0.6680	0.4834
2011	0.6751	0.4403	0.3197	0.6775	0.4981
2012	0.6777	0.4552	0.3320	0.6702	0.5057
2013	0.6310	0.4577	0.3278	0.5699	0.4791
2014	0.6474	0.4643	0.3295	0.5513	0.4846
2015	0.6249	0.4443	0.3261	0.5002	0.4667
2016	0.6255	0.4542	0.3351	0.4811	0.4703
2017	0.6205	0.4581	0.3378	0.4573	0.4680

就四大区域而言，2008~2017年，东部地区协调发展水平高于全国协调发展水平，也远远高于其他三大区域的协调发展水平，东部地区协调发展水平指数均值的最低值为0.6205，协调发展水平较高但呈小幅下降的趋势。东北地区协调发展水平在四大区域中排名第二，但下降趋势明显且幅度较大。中部地区协调发展水平在四大区域中排名第三，协调发展水平指数均值在（0.4403，0.4702）区间窄幅波动，协调发展水平比较稳定。西部地区协调发展水平在四大区域中排名最后，但呈现平缓波浪型变动的小幅上升趋势，见图5-3。

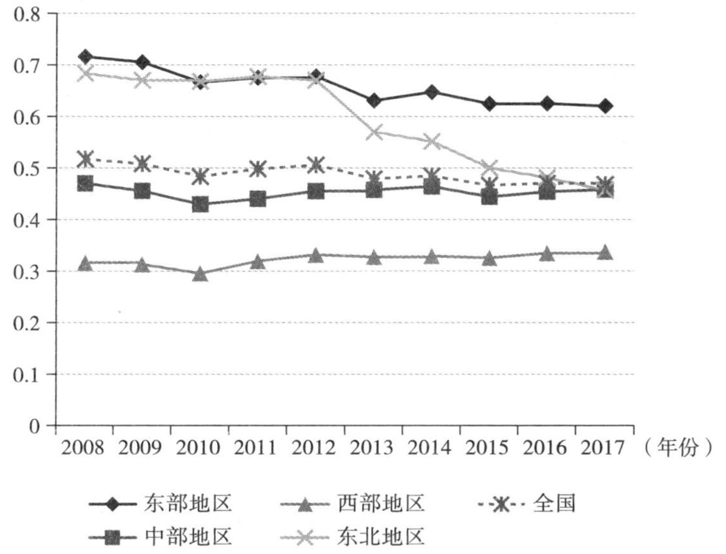

图5-3 2008~2017年四大区域及全国协调发展水平时间演变趋势

从协调发展水平的空间格局来看，高水平的协调发展水平集中于东部地区，协调发展水平较低的地区主要集中于中西部地区。依据具体的空间分布格局可以看出，协调发展水平排名前五位的地区分别为天津（0.8678）、上海（0.8171）、北京（0.7768）、浙江（0.7249）和江苏（0.6486），且均隶属于东部地区，但其数值也比较大，意味着东部地区的经济较为发达，内在协调也做得比较好。与之对应的是协调发展水平得分最低的八个地区分别为甘肃（0.1341）、贵州（0.1352）、云南（0.1975）、陕西（0.2796）、广西（0.2939）、重庆（0.3314）、青海（0.3537）和四川（0.3611），集中在西部地区，这表明西部大开发战略的实施虽然实现了该地区的快速发展，但也拉大了区域发展的差距，导致协调发展水平反而较低。总的来看，中国协调发展水平存在明显的地域差异性，且呈现东部地区遥遥领先、东北和中部地区居中，而西部地区相对落后的格局。

（三）绿色发展水平

绿色发展注重的是解决经济高质量发展中人与自然的和谐问题。绿色发展是以资源节约、环境友好的方式获得经济发展，为人民提供更多优质生态产品，推动形成绿色发展方式和生活方式。因此，绿色发展水平是经济高质量发展的最重要组成部分，经济高质量发展水平的提升受制于绿色发展水平的高低。2008~2017 年全国 30 个省市区绿色发展水平如表 5-11 所示。

表 5-11　2008~2017 年全国 30 个省市区绿色发展水平

地区	2008 年	2009 年	2010 年	2011 年	2012 年	2013 年	2014 年	2015 年	2016 年	2017 年	均值
北京	0.8229	0.8229	0.8001	0.8069	0.8229	0.8373	0.8373	0.8373	0.8373	0.8373	0.8266
天津	0.6150	0.6088	0.5723	0.5780	0.6209	0.6242	0.6345	0.636	0.6385	0.6415	0.6172
河北	0.4678	0.4534	0.4193	0.4444	0.5395	0.5428	0.5526	0.5495	0.5412	0.5313	0.5082
上海	0.6436	0.6460	0.6132	0.6167	0.6384	0.6333	0.6508	0.6477	0.6457	0.6434	0.6372
江苏	0.6527	0.6520	0.6307	0.6348	0.6401	0.6628	0.6689	0.668	0.6604	0.6513	0.6521
浙江	0.9239	0.9203	0.8993	0.9036	0.9158	0.9054	0.9096	0.9112	0.9069	0.9017	0.9082
福建	0.9371	0.9388	1.0000	1.0000	0.9501	0.9514	0.9398	0.9484	0.9517	0.9556	0.9595
山东	0.6031	0.5954	0.5630	0.5696	0.5950	0.6016	0.5929	0.5815	0.5585	0.5313	0.5765
广东	0.8978	0.8957	0.8658	0.8627	0.8882	0.8831	0.8859	0.8878	0.8825	0.8762	0.8809
海南	0.8744	0.8658	0.8496	0.8409	0.7679	0.8016	0.7924	0.7762	0.7801	0.7846	0.8066
山西	0.2268	0.1862	0.1903	0.2257	0.2502	0.2555	0.2203	0.2153	0.1890	0.1578	0.2100
安徽	0.6715	0.6753	0.6538	0.6705	0.6846	0.6754	0.6767	0.6798	0.6779	0.6758	0.6744
江西	0.9070	0.8982	0.8816	0.8927	0.9166	0.9017	0.9054	0.8998	0.8967	0.8929	0.8984
湖南	0.7361	0.7333	0.7060	0.7238	0.8422	0.8510	0.8601	0.8572	0.8534	0.8490	0.8084
湖北	0.6404	0.6428	0.6216	0.6389	0.7306	0.7827	0.7887	0.7925	0.7901	0.7873	0.7306
河南	0.6036	0.5978	0.5672	0.5689	0.6404	0.6451	0.6511	0.6566	0.6530	0.6488	0.6254
重庆	0.6645	0.6569	0.6273	0.6438	0.7754	0.8006	0.8004	0.8067	0.8055	0.8041	0.7467
四川	0.6363	0.6301	0.6052	0.6167	0.7680	0.7611	0.7622	0.7706	0.7678	0.7645	0.7162
贵州	0.3727	0.3496	0.3081	0.3404	0.5292	0.5770	0.6149	0.6446	0.6304	0.6135	0.5120
云南	0.6730	0.6535	0.6187	0.6389	0.7578	0.7749	0.7983	0.8201	0.8173	0.8140	0.7437
广西	0.8250	0.8155	0.7890	0.8048	0.8480	0.8607	0.8657	0.8762	0.8650	0.8518	0.8419

续表

地区	2008年	2009年	2010年	2011年	2012年	2013年	2014年	2015年	2016年	2017年	均值
陕西	0.7127	0.7045	0.6828	0.6976	0.6588	0.6710	0.6707	0.6703	0.6563	0.6397	0.6724
甘肃	0.3474	0.3354	0.3180	0.3413	0.4248	0.4331	0.4431	0.4394	0.4400	0.4408	0.4018
青海	0.1446	0.1153	0.1098	0.0593	0.3918	0.3872	0.4126	0.4417	0.3993	0.3491	0.2962
宁夏	0.0328	0.0328	0.0328	0.0328	0.0328	0.0413	0.0413	0.0413	0.0413	0.0413	0.0375
新疆	0.3113	0.2517	0.2514	0.2209	0.2627	0.2296	0.1921	0.1713	0.1094	0.0361	0.1917
内蒙古	0.4109	0.4031	0.3721	0.3914	0.4007	0.4152	0.4055	0.3958	0.3579	0.3129	0.3838
辽宁	0.6095	0.5973	0.5755	0.5892	0.6402	0.6671	0.6698	0.6696	0.5602	0.4309	0.6000
吉林	0.6875	0.6868	0.6617	0.6749	0.7333	0.7405	0.7461	0.7539	0.7474	0.7396	0.7205
黑龙江	0.6819	0.6519	0.6355	0.6542	0.7051	0.7135	0.7079	0.7032	0.6784	0.6491	0.6776

从绿色发展水平的时间演化来看，中国绿色发展水平指数2008年为0.6111，2017年为0.6284，见表5-12。可见，中国绿色发展水平较高。2008~2017年中国绿色发展水平呈现小幅上升趋势，说明中国绿色发展水平比较稳定，人们对绿色发展理念已经有较广泛的认知。当今中国，多年经济高速增长铸就了世界第二大经济体的“中国奇迹”，也积累了一系列深层次矛盾和问题。其中，一个突出矛盾和问题是：资源环境承载力逼近极限，高投入、高消耗、高污染的传统发展方式已不可持续。只有走绿色发展之路，才能推动经济高质量发展。

表5-12　2008~2017年四大区域和全国绿色发展水平

年份	东部地区	中部地区	西部地区	东北地区	全国
2008	0.7438	0.6309	0.4665	0.6596	0.6111
2009	0.7399	0.6223	0.4499	0.6453	0.6006
2010	0.7213	0.6034	0.4286	0.6243	0.5807
2011	0.7258	0.6201	0.4353	0.6394	0.5895
2012	0.7379	0.6774	0.5318	0.6929	0.6457
2013	0.7444	0.6852	0.5411	0.7070	0.6543
2014	0.7465	0.6837	0.5461	0.7079	0.6566
2015	0.7444	0.6835	0.5526	0.7089	0.6583
2016	0.7403	0.6767	0.5355	0.6620	0.6446
2017	0.7354	0.6686	0.5153	0.6065	0.6284

就四大区域而言，2008~2017 年，东部地区绿色发展水平高于全国绿色发展水平，绿色发展水平指数在 0.7 以上，数值较大，绿色发展水平较高，位列四大区域第一，绿色发展水平指数呈窄幅波动。中部地区绿色发展水平也高于全国绿色发展水平，呈现小幅上升趋势。东北地区绿色发展水平除 2016 年和 2017 年在四大区域中排第三外，其他年份排名第二且高于全国绿色发展水平，但 2008~2017 年呈现小幅下降趋势。西部地区绿色发展水平低于全国绿色发展水平，在四大区域中排名最后，但呈现小幅上升趋势，见图 5-4。

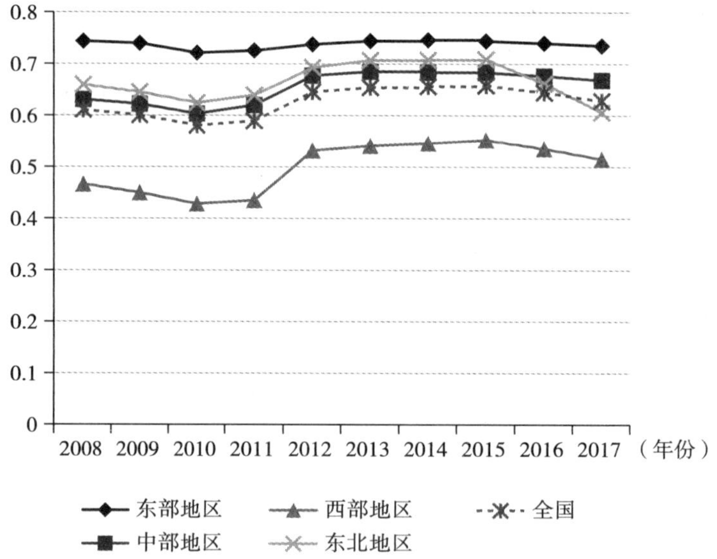

图 5-4　2008~2017 年四大区域及全国绿色发展水平时间演变趋势

从绿色发展水平的空间格局来看，高水平的绿色发展水平多集中于东部地区和毗邻东部地区的中西部地区，绿色发展水平较低的地区主要集中于西部地区。依据具体的空间分布格局可以看出，绿色发展水平排名前七位的地区分别为福建（0.9595）、浙江（0.9082）、江西（0.8984）、广东（0.8809）、广西（0.8419）、北京（0.8266）和湖南（0.8084），主要因为该类地区在以“绿色”理念为指导的前提下，以科技创新带动整个工业体系一站式的绿色生产，大力发展战略性新兴产业和服务业，达到经济发展和美好环境的双效双赢。与之对应的是绿色发展水平得分最低的五个地区，分别为宁夏（0.0375）、新疆（0.1917）、山西（0.2100）、青海（0.2962）和内蒙古（0.3838），除山西外，其他四个地区都集中在西部地区。山西为我国最主要的煤炭产区，多年以来超负荷的开采造成了山西资源日益枯竭、环境污染严重、生态环境脆弱，这些因素大大制约着山西绿色发展的进程。山西资源型地区的发展只有顺应新时代的要求，在转变发展方式上花大气力、下大功夫，大力推进绿色发展，才能从根本上实现从绿色理念到绿色实践的质的飞跃。其他西部地区受制于垃圾清运能力及工业污染治理能力较弱，其绿色发展水平也偏低。总的来看，中国绿色发展水平存在明显的地域差异性，且呈现东部地区和毗邻东部地区的中西部地区遥遥领先、东北地区居中，而大多数中西部地区相对落后的格局。

（四）开放发展水平

开放发展，注重的是解决经济高质量发展内外联动问题，只有丰富对外开放内涵，提高对外开放水平，协同推进战略互信、经贸合作、人文交流，才能开创对外开放新局面，形成深度融合的互利合作格局，有助于经济高质量发展。2008~2017 年全国 30 个省市区开放发展水平如表 5-13 所示。

表 5-13　2008~2017 年全国 30 个省市区开放发展水平

地区	2008 年	2009 年	2010 年	2011 年	2012 年	2013 年	2014 年	2015 年	2016 年	2017 年	均值
北京	0.7727	0.7623	0.7850	0.7922	0.7938	0.9359	0.9892	0.7024	0.6750	0.6803	0.7907
天津	0.3470	0.3399	0.3168	0.3016	0.3186	0.3575	0.5287	0.2936	0.5688	0.4093	0.3816
河北	0.0685	0.0828	0.0941	0.0807	0.0648	0.0768	0.0792	0.0492	0.0731	0.1471	0.0831
上海	0.8428	0.9114	0.9577	0.8957	0.8547	0.7770	0.8715	1.0000	0.9491	1.0000	0.9130
江苏	0.3791	0.4003	0.3939	0.3655	0.3625	0.3314	0.3322	0.3098	0.3241	0.3785	0.3554
浙江	0.3277	0.3696	0.3622	0.3367	0.3419	0.3447	0.3726	0.3444	0.3826	0.5335	0.3765
福建	0.2463	0.2741	0.2660	0.2649	0.2740	0.2762	0.2693	0.2611	0.2684	0.2589	0.2681
山东	0.2105	0.2236	0.2246	0.2236	0.2210	0.2284	0.1953	0.1594	0.1948	0.2099	0.2090
广东	0.5688	0.6365	0.6238	0.5780	0.6216	0.6531	0.6838	0.5767	0.6011	0.5538	0.6143
海南	0.1994	0.2511	0.2675	0.2812	0.2835	0.4620	0.3794	0.2346	0.1417	0.1911	0.2769
山西	0.0514	0.0257	0.0508	0.0307	0.0493	0.0719	0.0361	0.0204	0.0483	0.0728	0.0451
安徽	0.0905	0.0977	0.0745	0.0927	0.1026	0.1099	0.0678	0.0888	0.0721	0.0988	0.0894
江西	0.0535	0.0706	0.0872	0.0836	0.0941	0.0877	0.1096	0.0903	0.0912	0.1234	0.0931
湖南	0.0393	0.0452	0.0528	0.0596	0.0684	0.0348	0.0364	0.0235	0.0357	0.0636	0.0467
湖北	0.0525	0.0554	0.0566	0.0535	0.0510	0.0470	0.0469	0.0377	0.0440	0.0751	0.0519
河南	0.0234	0.0290	0.0201	0.0302	0.0447	0.0550	0.0485	0.0603	0.0896	0.1501	0.0586
重庆	0.0726	0.0785	0.0666	0.1198	0.1805	0.1795	0.2551	0.1885	0.1692	0.2229	0.1623

续表

地区	2008 年	2009 年	2010 年	2011 年	2012 年	2013 年	2014 年	2015 年	2016 年	2017 年	均值
四川	0.0707	0.0694	0.0866	0.0831	0.0863	0.0804	0.1021	0.0509	0.0573	0.1005	0.0796
贵州	0.0075	0.0017	0.0032	0.0087	0.0105	0.0391	0.0175	0.0174	0.0000	0.0152	0.0126
云南	0.1597	0.1794	0.1698	0.1680	0.1788	0.1321	0.1458	0.0651	0.0717	0.1370	0.1386
广西	0.0592	0.0820	0.0593	0.0524	0.0736	0.0512	0.0725	0.0979	0.1193	0.1655	0.0860
陕西	0.0458	0.0598	0.0688	0.0610	0.0672	0.0377	0.0442	0.0485	0.0595	0.0992	0.0607
甘肃	0.3684	0.3557	0.3720	0.3672	0.3619	0.1136	0.0524	0.0222	0.0547	0.1093	0.2010
青海	0.0101	0.0078	0.0141	0.0069	0.0044	0.0150	0.0000	0.0131	0.0133	0.0232	0.0109
宁夏	0.0299	0.0337	0.0512	0.0403	0.0429	0.0569	0.1598	0.1561	0.0832	0.2118	0.0929
新疆	0.1628	0.1741	0.1358	0.1419	0.1568	0.1252	0.1301	0.0758	0.0988	0.1755	0.1349
内蒙古	0.0585	0.0613	0.0381	0.0285	0.0445	0.0272	0.0576	0.0058	0.0376	0.1086	0.0455
辽宁	0.2383	0.1354	0.2617	0.2534	0.2561	0.1683	0.1589	0.1267	0.1786	0.2382	0.1975
吉林	0.0519	0.0363	0.0551	0.0734	0.0740	0.1125	0.0583	0.0395	0.0369	0.048	0.0593
黑龙江	0.1121	0.1663	0.1162	0.1308	0.1317	0.1287	0.1018	0.0350	0.0500	0.1035	0.1071

从开放发展水平的时间演化来看，2008~2017 年中国开放发展水平呈现上升的趋势，2008 年的开放发展水平指数为 0.1907，2017 年的开放发展水平指数为 0.2235，上升了 0.0328，见表 5-14。由此可见，虽然中国对外开放的程度在不断提高，但数值不够大。我国已成为世界第二大经济体和世界经济增长重要引擎，肩负更多的国际责任和期待。同我国在世界经济中扮演的新角色相比，我国对外开放水平总体不够高的矛盾还比较突出。只有发展更高层次的开放型经济，才能更好地顺应和平、发展、合作、共赢的世界潮流，必须用高水平开放推动高质量发展。

表 5-14　2008~2017 年四大区域和全国开放发展水平

年份	东部地区	中部地区	西部地区	东北地区	全国
2008	0.3963	0.0518	0.0950	0.1341	0.1907
2009	0.4252	0.0539	0.1003	0.1127	0.2006
2010	0.4292	0.0570	0.0969	0.1443	0.2044
2011	0.4120	0.0584	0.0980	0.1525	0.2002
2012	0.4136	0.0683	0.1098	0.1539	0.2072

续表

年份	东部地区	中部地区	西部地区	东北地区	全国
2013	0.4443	0.0677	0.0780	0.1365	0.2039
2014	0.4701	0.0576	0.0943	0.1063	0.2134
2015	0.3931	0.0535	0.0674	0.0671	0.1732
2016	0.4179	0.0635	0.0695	0.0885	0.1863
2017	0.4362	0.0973	0.1244	0.1299	0.2235

就四大区域而言，2008~2017年东部地区开放发展水平呈小幅上升的趋势，但高于全国开放发展水平，也远远高于其他三大区域的开放发展水平，见图5-5。可见东部地区开放发展已经走在全国前列。除东部地区外，其他三大区域开放发展水平均低于全国开放发展水平，东北地区开放发展水平在四大区域中排名第二，西部地区开放发展水平在四大区域中排名第三，中部地区开放发展水平在四大区域中排名最后。中部与西部地区开放发展水平呈现小幅上升趋势，但东北地区开放发展水平呈现小幅下降趋势。

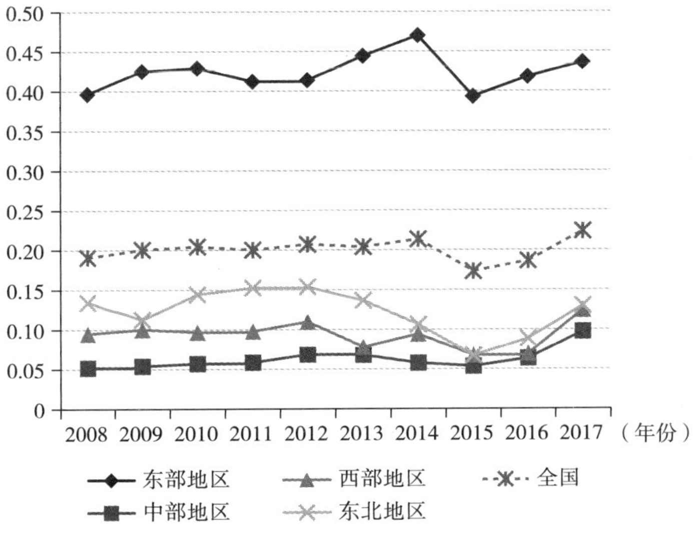

图5-5 2008~2017年四大区域及全国开放发展水平时间演变趋势

从开放发展水平的空间格局来看，高水平的开放发展水平集中于东部地区，开放发展水平较低的地区主要集中于中西部地区。依据具体的空间分布格局可以看出，开放发展水平排名前五位的地区分别为上海（0.9130）、北京

(0.7907)、广东 (0.6143)、天津 (0.3061) 和浙江 (0.535)，均隶属于东部地区，该类地区区位优势明显，濒临海域，具有相对较大的港口，物流成本低，方便进出口，有吸引和利用外资的优势，高水平的开放有效推动了东部地区经济高质量发展。与之对应的是开放发展水平得分最低的五个地区，分别为青海(0.0109)、贵州 (0.0126)、山西 (0.0451)、内蒙古 (0.0455) 和湖南(0.0467)，集中在中西部地区，该类地区地理位置和营商环境不够理想，物流成本高，难以吸引和利用外资，无法积极参与国际合作和国际竞争。总的来看，中国开放发展水平存在明显的地域差异性，且呈现东部地区遥遥领先、东北和西部地区居中，而中部地区相对落后的格局。

(五) 共享发展水平

共享发展，注重的是解决经济高质量发展的社会公平正义问题，只有让广大人民群众共享改革发展成果，才能真正体现社会主义制度优越性。因此，共享发展水平是经济高质量发展的最重要组成部分，经济高质量发展水平的提升受制于共享发展水平的高低。2008~2017 年全国 30 个省市区共享发展水平如表 5-15 所示。

表 5-15　2008~2017 年全国 30 个省市区共享发展水平

地区	2008 年	2009 年	2010 年	2011 年	2012 年	2013 年	2014 年	2015 年	2016 年	2017 年	均值
北京	0.6933	0.7052	0.6789	0.6616	0.6462	0.6148	0.6322	0.6230	0.6141	0.6371	0.6506
天津	0.4566	0.4151	0.3371	0.2914	0.2282	0.2415	0.2756	0.3329	0.2361	0.2227	0.3037
河北	0.4250	0.4560	0.4434	0.4221	0.4001	0.4657	0.4708	0.4978	0.4331	0.4202	0.4434
上海	0.3400	0.2949	0.2502	0.2689	0.3079	0.1967	0.2049	0.2285	0.1935	0.3299	0.2615
江苏	0.4772	0.4733	0.4543	0.4284	0.4079	0.4215	0.4381	0.4889	0.4315	0.4758	0.4497
浙江	0.5711	0.5923	0.5641	0.5455	0.5560	0.5254	0.5278	0.5387	0.5013	0.5742	0.5496
福建	0.5209	0.5525	0.5373	0.4947	0.4709	0.4365	0.5306	0.5400	0.3955	0.3881	0.4867
山东	0.5273	0.5420	0.5066	0.4663	0.4268	0.4528	0.4677	0.4996	0.4501	0.4602	0.4799
广东	0.6694	0.6628	0.6460	0.6409	0.6061	0.6661	0.7036	0.7297	0.6756	0.6492	0.6649
海南	0.6268	0.6098	0.6282	0.6445	0.6022	0.5969	0.5941	0.6796	0.6244	0.5720	0.6179
山西	0.4781	0.4781	0.4491	0.4339	0.4118	0.4786	0.4422	0.5001	0.4793	0.5159	0.4667
安徽	0.3192	0.3636	0.3736	0.3890	0.3773	0.4534	0.4399	0.5252	0.4290	0.4402	0.4110
江西	0.4939	0.4949	0.4782	0.4683	0.4299	0.4604	0.4553	0.4919	0.4521	0.4679	0.4693
湖南	0.3420	0.3409	0.3448	0.3591	0.3255	0.3795	0.4014	0.4197	0.3424	0.3547	0.3610

续表

地区	2008年	2009年	2010年	2011年	2012年	2013年	2014年	2015年	2016年	2017年	均值
湖北	0.3796	0.3952	0.3783	0.3860	0.3811	0.4250	0.5167	0.6037	0.6278	0.6714	0.4765
河南	0.4800	0.5008	0.4832	0.4799	0.4860	0.5365	0.5414	0.5651	0.5028	0.5456	0.5121
重庆	0.2422	0.2801	0.3084	0.3543	0.3991	0.3829	0.4183	0.4678	0.3706	0.4133	0.3637
四川	0.3060	0.3438	0.3540	0.3526	0.3612	0.3859	0.3460	0.4272	0.3980	0.4293	0.3704
贵州	0.5414	0.5661	0.5540	0.5515	0.5397	0.6065	0.6204	0.6102	0.5452	0.5300	0.5665
云南	0.4187	0.4395	0.4472	0.4653	0.3814	0.4869	0.4602	0.5195	0.5549	0.5026	0.4676
广西	0.4923	0.5118	0.5027	0.4898	0.4474	0.4942	0.5225	0.5974	0.5704	0.5795	0.5208
陕西	0.4286	0.4605	0.4529	0.4546	0.4869	0.4885	0.5075	0.5269	0.4965	0.4448	0.4748
甘肃	0.5898	0.6049	0.5931	0.5613	0.5633	0.6543	0.6700	0.7052	0.6538	0.6476	0.6243
青海	0.4408	0.4468	0.4595	0.4541	0.5709	0.5262	0.5488	0.5666	0.5160	0.5582	0.5088
宁夏	0.1978	0.1972	0.1615	0.1609	0.1989	0.2693	0.3388	0.3867	0.2905	0.2342	0.2436
新疆	0.3682	0.3847	0.3895	0.4279	0.4105	0.4181	0.4346	0.5473	0.5392	0.5346	0.4455
内蒙古	0.3459	0.3481	0.3274	0.3133	0.3072	0.3144	0.3355	0.4059	0.3273	0.3428	0.3368
辽宁	0.4051	0.3900	0.3457	0.3353	0.3495	0.3456	0.3421	0.4634	0.3941	0.4733	0.3844
吉林	0.2787	0.2988	0.3055	0.3418	0.3447	0.3809	0.4333	0.4462	0.3632	0.3727	0.3566
黑龙江	0.1890	0.1783	0.2140	0.2735	0.2813	0.2647	0.2860	0.3068	0.2429	0.2844	0.2521

从共享发展水平的时间演化来看，2008~2017年中国共享发展水平呈现上升的趋势，2008年的共享发展水平指数为0.4348，2017年的共享发展水平指数为0.4691，上升了0.0343，见表5-16。由此可见，中国共享发展水平正稳步提高。以共享发展理念引领我国发展，在全社会营造人人参与、人人尽力、人人享有的良好环境，以共享引领共建、以共建推动共享，才能厚植发展优势、凝聚发展伟力、提升发展境界，实现经济高质量发展。

表5-16　2008~2017年四大区域和全国共享发展水平

年份	东部地区	中部地区	西部地区	东北地区	全国
2008	0.5308	0.4155	0.3974	0.2909	0.4348
2009	0.5304	0.4289	0.4167	0.2890	0.4443
2010	0.5046	0.4179	0.4136	0.2884	0.4323
2011	0.4865	0.4194	0.4169	0.3169	0.4306
2012	0.4652	0.4020	0.4242	0.3252	0.4235

续表

年份	东部地区	中部地区	西部地区	东北地区	全国
2013	0.4618	0.4556	0.4570	0.3304	0.4457
2014	0.4845	0.4661	0.4730	0.3538	0.4635
2015	0.5159	0.5176	0.5237	0.4055	0.5080
2016	0.4555	0.4722	0.4784	0.3334	0.4550
2017	0.4729	0.4993	0.4743	0.3768	0.4691

就四大区域而言，2008~2017年东部地区共享发展水平呈小幅下降的趋势，其他三大区域共享发展水平呈现小幅上升的趋势。2008~2014年，东部地区共享发展水平高于全国和其他三大区域的共享发展水平，在四大区域排名第一；2015~2017年，东部地区共享发展水平低于中部和西部地区，在四大区域中排名第三，见图5-6。中部和西部地区与全国共享发展水平比较接近，在四大区域中的排名（第二或第三）互有交替；2015~2016年西部地区共享发展水平跃居四大区域之首，2017年中部地区共享发展水平跃居四大区域之首。2008~2017年，东北地区共享发展水平在四大区域中排名最后，但呈现小幅上升的趋势。

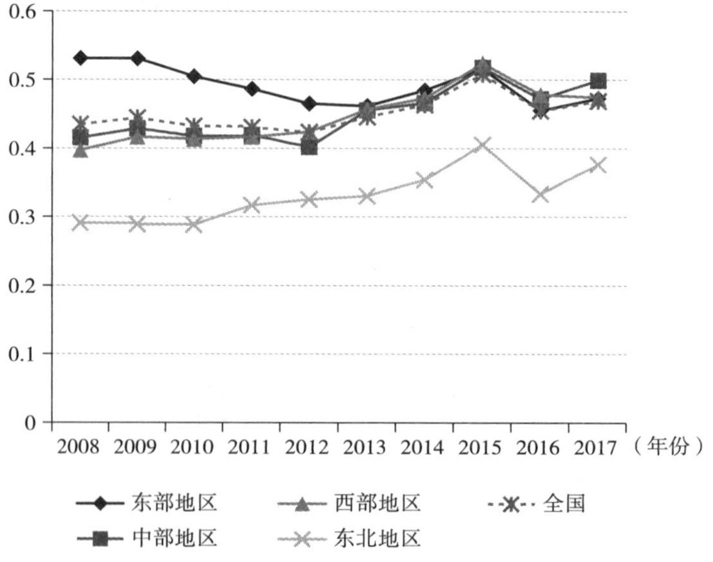

图5-6 2008~2017年四大区域及全国共享发展水平时间演变趋势

从共享发展水平具体的空间格局来看，共享发展水平排名前五位的地区分别为广东（0.6649）、北京（0.6506）、甘肃（0.6243）、海南（0.6179）和贵州（0.5665）。与之对应的是共享发展水平得分最低的四个地区，分别为宁夏（0.2436）、黑龙江（0.2521）、上海（0.2615）和天津（0.3037）。总的来看，中国共享发展水平的地域差异性不明显。坚持以人为本、以民为本，突出人民至上，致力于解决我国发展中共享性不够、受益不平衡问题，推进共享发展，才能促进国家安定、民族团结，引领时代发展。

三、经济高质量发展的空间关联性分析

在明确经济高质量发展时空差异的基础上，为甄别出其内在的空间关联性，弄清楚其空间集聚状况，本书基于空间分析的特性，先对全局空间进行分析，又进一步对局部空间进行系统性分析，以此来深度探究经济高质量发展的空间关联水平。

（一）经济高质量发展的全局空间自相关分析

本书利用 Stata 软件计算出中国经济高质量发展的全局莫兰指数，结果如表 5-17 所示。2008~2017 年全局莫兰指数值均显著，且都通过 P 值小于 0.05 的显著性水平的 Z 统计检验，表明无论是发达地区还是欠发达地区的经济高质量发展都存在着显著的全局空间集聚效应，属于经济高质量发展综合指数值高的区域被高经济高质量发展综合指数值的区域所包围的空间关系，或者经济高质量发展综合指数值低的区域被低经济高质量发展值的区域所包围的空间关系。

表 5-17　2008~2017 年中国经济高质量发展的全局 Moran's I 指数

年份	Moran's I	E（I）	sd（I）	z	p-value *	聚离状态
2008	0.449	-0.034	0.122	3.980	0.000	聚集
2009	0.450	-0.034	0.122	3.985	0.000	聚集
2010	0.436	-0.034	0.121	3.881	0.000	聚集
2011	0.440	-0.034	0.121	3.915	0.000	聚集
2012	0.405	-0.034	0.121	3.645	0.000	聚集
2013	0.446	-0.034	0.121	3.980	0.000	聚集
2014	0.451	-0.034	0.121	4.012	0.000	聚集
2015	0.457	-0.034	0.122	4.027	0.000	聚集

续表

年份	Moran's I	E（I）	sd（I）	z	p-value *	聚离状态
2016	0.445	-0.034	0.122	3.926	0.000	聚集
2017	0.440	-0.034	0.122	3.896	0.000	聚集

全局莫兰指数取值范围在 0.405~0.449，全局莫兰指数较大，说明空间自相关的特征在中国经济高质量发展的格局中表现得比较明显，其集聚程度较高，整体呈集聚格局，如图 5-7 所示。这种空间集聚效应在研究时段内具有一定波动，其中 2012 年全局莫兰指数突然下降到 2008~2017 年的最低值 0.405。

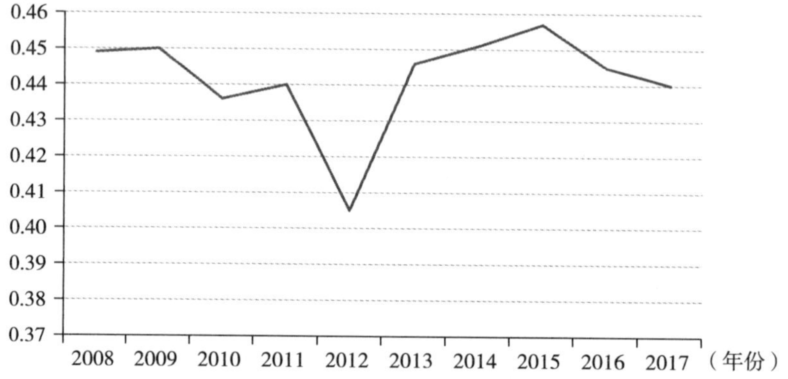

图 5-7　2008~2017 年经济高质量发展的全局空间自相关趋势

（二）经济高质量发展的局部空间自相关分析

全局莫兰指数仅能作为对总体数据进行量测的指标，可能忽略了局部之间固有的不平衡现象。因而，本书将运用局部莫兰指数（Local Moran's I）和 Moran 散点图来研究中国经济高质量发展的局部自相关分析。Moran 散点图是经常被用来探究空间位置属性局部自相关的方法，利用（X，W_{ij}）数据坐标绘制 Moran 散点图，其中横轴表示经济高质量发展值 X，纵轴表示为经济高质量发展的空间滞后向量 W_{ij}。

局部 Moran 散点图可以用来识别地区与其相邻近地区的空间关系。其中第Ⅰ、第Ⅲ象限表示区域之间存在正的空间自相关关系，分别用 H-H、L-L 表示，也经常被表述为集聚区和孤岛区，即经济高质量发展综合指数值高（低）的区域被同是高（低）经济高质量发展综合指数值的区域所包围的空间关系；第Ⅱ、第Ⅳ象限则表示区域之间存在负的空间自相关关系，分别用 L-H、H-L 表示，经常被表述为萧条区和空心区，即表示经济高质量发展综合指数低（高）值的区域被高（低）经济高质量发展综合指数值的区域所包围的空间关系。

局部空间自相关分析用于探讨区域内各地域单元的空间关联性。本书主要采用绘制经济高质量发展的 Moran 散点图的方法，对经济高质量发展进行局部空间自相关分析。以五年左右作为一个发展周期，借助 Stata 软件输出 2008 年、2013 年、2017 年的经济高质量发展的 Moran 散点图，如图 5-8、图 5-9、图 5-10 所示，各省市区分别以编码 1~30 代替，1~30 分别为北京、天津、河北、上海、江苏、浙江、福建、山东、广东、海南、山西、安徽、江西、湖南、湖北、河南、重庆、四川、贵州、云南、广西、陕西、甘肃、青海、宁夏、新疆、内蒙古、辽宁、吉林和黑龙江。

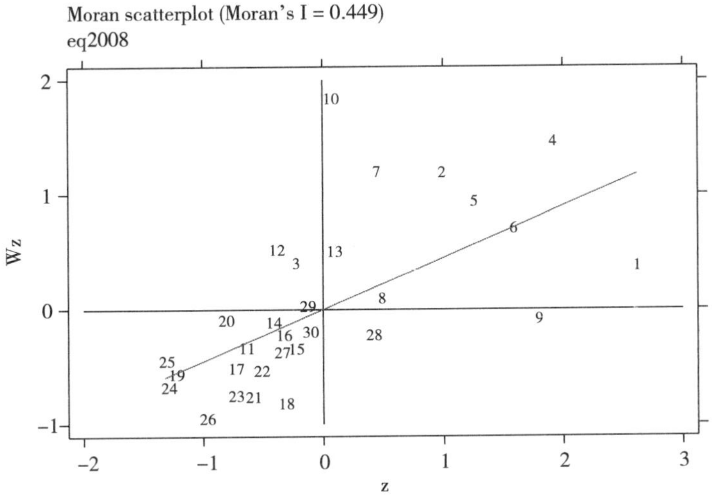

图 5-8　2008 年经济高质量发展 Moran 散点图

从图 5-8、图 5-9、图 5-10 中可以得知，每年落在 Moran 散点图四个象限的地区数稍有不同，但总的来看，落在第Ⅲ象限的点数最多，其次是第Ⅰ、第Ⅱ、第Ⅳ象限，演变情况见表 5-18。2008 年、2013 年、2017 年，稳定在第Ⅰ象限的北京、上海、天津、江苏、浙江、福建、山东都属于东部经济发达地区，表现为正相关关系，是强经济高质量发展集聚地区（H-H），即经济高质量发展高值的区域与同是高值的区域发生集聚。山西、河南、重庆、四川、贵州、广西、陕西、甘肃、青海、宁夏、新疆、内蒙古、黑龙江稳定在第Ⅲ象限，也表现为正相关关系，但是弱经济高质量发展集聚地区（L-L），即经济高质量发

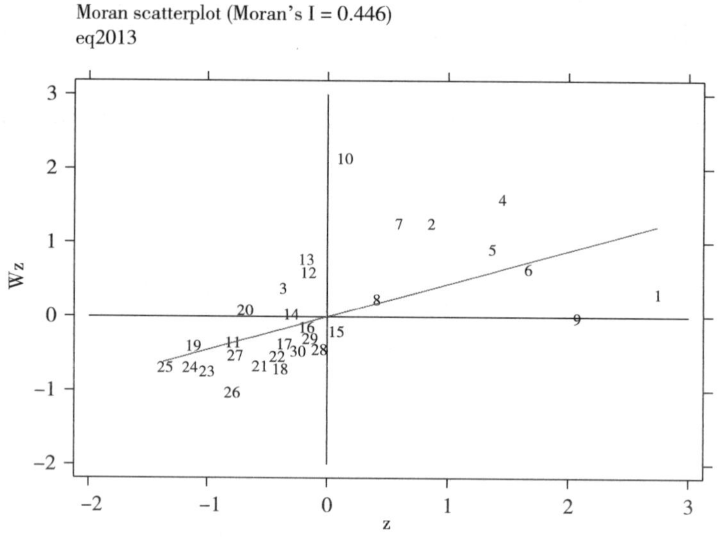

图 5-9　2013 年经济高质量发展 Moran 散点图

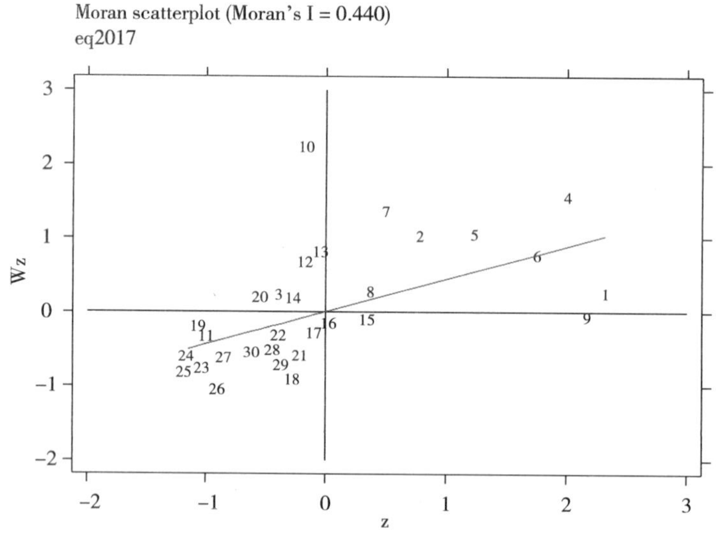

图 5-10　2017 年经济高质量发展 Moran 散点图

展低值的区域与同是低值的区域发生集聚。河北、安徽稳定在第Ⅱ象限，为负空间自相关关系（L-H）。广东稳定在第Ⅳ象限，也为负空间自相关关系（H-

L)。其他少数几个省市区则在不同象限漂移；2008~2013 年，江西从第Ⅰ象限（H-H）漂移到第Ⅱ象限（L-H），湖南、云南从第Ⅲ象限（L-L）漂移到第Ⅱ象限（L-H），吉林从第Ⅱ象限（L-H）漂移到第Ⅲ象限（L-L），辽宁从第Ⅳ象限（H-L）漂移到第Ⅲ象限（L-L）；2013~2017 年，漂移现象很少，只有海南从第Ⅰ象限（H-H）漂移到第Ⅱ象限（L-H）。因此，可以认为中国经济高质量发展在地理空间上存在着较明显的相互依赖性，一定程度上呈现较为明显的聚集特征。

表 5-18 2008~2017 年经济高质量发展演变情况

年份	H-H 象限	L-L 象限	L-H 象限	H-L 象限
2008	北京、上海、天津、江苏、浙江、福建、山东、海南、江西	山西、湖南、湖北、河南、重庆、四川、贵州、云南、广西、陕西、甘肃、青海、宁夏、新疆、内蒙古、黑龙江	河北、安徽、吉林	广东、辽宁
2013	北京、上海、天津、江苏、浙江、福建、山东、海南	山西、河南、重庆、四川、贵州、广西、陕西、甘肃、青海、宁夏、新疆、内蒙古、黑龙江、辽宁、吉林	河北、安徽、江西、湖南、云南	广东、湖北
2017	北京、上海、天津、江苏、浙江、福建、山东	山西、河南、重庆、四川、贵州、广西、陕西、甘肃、青海、宁夏、新疆、内蒙古、黑龙江、辽宁、吉林	河北、安徽、江西、湖南、云南、海南	广东、湖北

四、经济高质量发展的空间收敛性分析

我们已经发现经济高质量发展存在着一定的空间差异，而这种空间差异在未来的发展中可能呈现出两种趋势，即空间收敛或发散，合理识别出这种发展趋势，有助于正确研判经济高质量发展的态势，做出科学决策。下面基于经济高质量发展水平空间差异，通过运用相应的收敛性检验模型，对经济高质量发展的空间收敛性做实证分析。

（一）经济高质量发展的 α 收敛

经济高质量发展的 α 收敛是指不同地区的经济高质量发展水平离散程度随

着时间而降低，可以通过式（5-3）计算出历年经济高质量发展水平的标准差。

$$\alpha_t = \sqrt{(\ln E_{it} - \overline{\ln E_t})/n} \qquad \text{式（5-3）}$$

式（5-3）中，α_t 为 t 年的经济高质量发展水平的 α 值，E_{it} 为 t 年 i 地区的 t 经济高质量发展综合指数值，$\ln E_{it}$ 为 t 年 i 地区的经济高质量发展综合指数值的自然对数，$\overline{\ln E_t}$ 为 t 年区域的经济高质量发展综合指数自然对数的平均值，n 为区域的地区个数。

如果经济高质量发展水平的 α 值逐年减少，可认为经济高质量发展水平呈现 α 收敛，反之不收敛。为了探究当前中国经济高质量发展水平的收敛性，本书计算出了对应年份的经济高质量发展水平的区域间差异。全国经济高质量发展水平的 α 值 2008 年为 0.1644，2017 年为 0.1476，见表 5-19。虽然总体呈现出逐渐缩小的发展趋势，但全国经济高质量发展水平差异程度变化不规律，没有表现出明显的收敛或发散情形。

表 5-19　2008~2017 年经济高质量发展的 α 收敛检验

年份	东部地区	中部地区	西部地区	东北地区	全国
2008	0.1110	0.0440	0.0953	0.0421	0.1644
2009	0.1136	0.0494	0.0940	0.0242	0.1638
2010	0.1167	0.0559	0.0949	0.0313	0.1676
2011	0.1137	0.0585	0.0965	0.0252	0.1650
2012	0.1147	0.0581	0.0835	0.0238	0.1511
2013	0.1064	0.0504	0.0773	0.0128	0.1474
2014	0.1132	0.0690	0.0696	0.0090	0.1507
2015	0.1099	0.0751	0.0749	0.0206	0.1455
2016	0.1166	0.0738	0.0875	0.0245	0.1528
2017	0.1153	0.0802	0.0835	0.0203	0.1476

从中国四大区域的 α 收敛情况能够看出，各个地区的表现并不完全相同，见图 5-11。具体而言，东部地区经济高质量发展水平差异程度 2008~2010 年呈现不断扩大的状态，说明东部地区经济高质量发展水平差异程度呈现不断扩大的状态；其他年份经济高质量发展水平差异程度变化不规律，没有表现出明显的收敛或发散情形。中部地区经济高质量发展水平差异程度 2008~2011 年呈现

不断扩大的状态，说明中部地区经济高质量发展水平差异程度呈现不断扩大的状态；其他年份经济高质量发展水平差异程度变化不规律，没有表现出明显的收敛或发散情形。西部地区经济高质量发展水平差异程度 2011~2014 年呈现出逐渐缩小的发展趋势，表现出了时期较长的收敛；其他年份经济高质量发展水平差异程度变化不规律，没有表现出明显的收敛或发散情形。东北地区经济高质量发展水平差异 2010~2014 年呈现出逐渐缩小的发展趋势，表现出了时期较长的收敛；其他年份经济高质量发展水平差异程度变化不规律，没有表现出明显的收敛或发散情形。

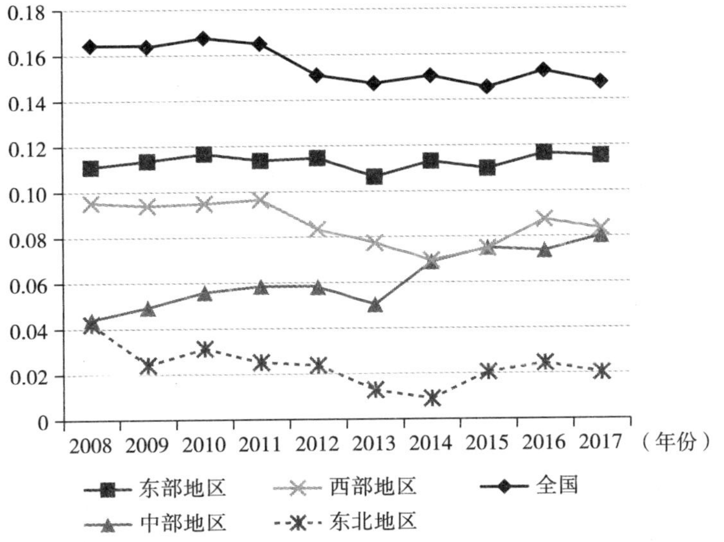

图 5-11　2008~2017 年经济高质量发展的 α 收敛变化趋势

（二）经济高质量发展的的俱乐部收敛

上述分析表明，在一些时间段，全国以及东部、中部、西部、东北地区经济高质量发展水平均存在一定的 α 收敛情况，下面进一步通过泰尔指数验证俱乐部收敛效应的存在与否。

$$T_t = (1/n)\sum(E_{it}/\overline{E_t})\log(E_{it}/\overline{E_t}) \quad \text{式（5-4）}$$

式（5-4）中，T_t 为 t 年的经济高质量发展水平的泰尔指数，E_{it} 为 t 年 i 地区的 t 经济高质量发展综合指数值，$\overline{E_t}$ 为 t 年区域的经济高质量发展综合指数的平均值，n 为区域的地区个数。

表 5-20 中数值根据以上公式计算得出，图 5-12 根据相关数值绘制出俱乐部效应的折线趋势图。

表 5-20　2008~2017 年经济高质量发展的俱乐部收敛检验

年份	东部地区	中部地区	西部地区	东北地区	全国
2008	0.0305	0.0052	0.0223	0.0049	0.0737
2009	0.0317	0.0062	0.0217	0.0016	0.0741
2010	0.0337	0.0077	0.0217	0.0027	0.0774
2011	0.0322	0.0082	0.0217	0.0017	0.0739
2012	0.0329	0.0078	0.0160	0.0015	0.0643
2013	0.0285	0.0061	0.0149	0.0004	0.0617
2014	0.0315	0.0109	0.0129	0.0002	0.0665
2015	0.0290	0.0127	0.0150	0.0011	0.0607
2016	0.0321	0.0126	0.0200	0.0015	0.0663
2017	0.0324	0.0146	0.0186	0.0011	0.0625

从全国经济高质量发展水平的泰尔指数来看，2008~2010 年，全国经济高质量发展水平差异呈现出上升的趋势，说明经济高质量发展水平差异程度呈现不断扩大的状态；2010~2014 年全国经济高质量发展水平差异呈现出逐渐缩小的发展趋势，表现出了俱乐部收敛；其他年份经济高质量发展水平差异程度变化不规律，没有表现出明显的收敛或发散情形。从东部地区经济高质量发展水平的泰尔指数来看，2008~2010 年，经济高质量发展水平差异呈现出上升的趋势，说明经济高质量发展水平差异程度呈现不断扩大的状态；其他年份经济高质量发展水平差异程度变化不规律，没有表现出明显的收敛或发散情形。从中部地区经济高质量发展水平的泰尔指数来看，2008~2011 年，中部经济高质量发展水平差异呈现出上升的趋势，说明经济高质量发展水平差异程度呈现不断扩大的状态；2011~2013 年中部经济高质量发展水平差异呈现出逐渐缩小的发展趋势，表现出了俱乐部收敛；其他年份经济高质量发展水平差异程度变化不规律，没有表现出明显的收敛或发散情形。从西部地区经济高质量发展水平的泰尔指数来看，2008~2014 年西部经济高质量发展水平差异呈现出逐渐缩小的发展趋势，表现出了俱乐部收敛；其他年份经济高质量发展水平差异程度变化不规律，没有表现出明显的收敛或发散情形。从东北地区经济高质量发展水平

的泰尔指数来看，2010~2014 年东北经济高质量发展水平差异呈现出逐渐缩小的发展趋势，表现出了俱乐部收敛；其他年份经济高质量发展水平差异程度变化不规律，没有表现出明显的收敛或发散情形。

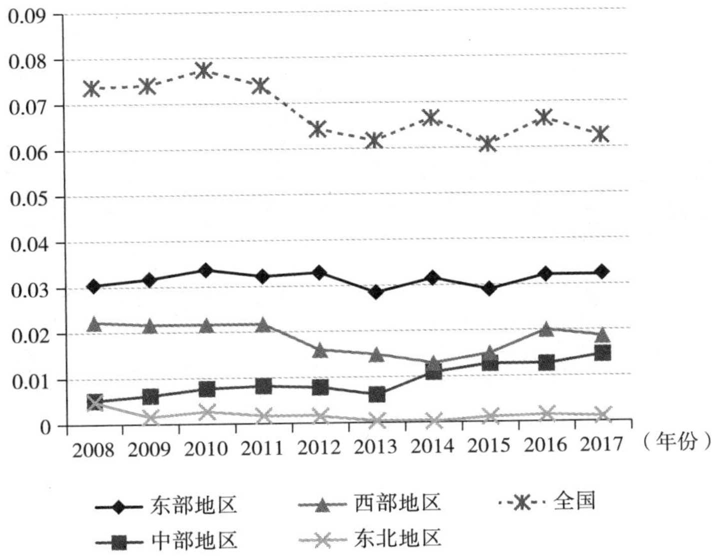

图 5-12　2008~2017 年经济高质量发展的俱乐部收敛变化趋势

虽然经济高质量发展水平俱乐部收敛或发散的时间段与 α 收敛或发散的时间段分布情形有些不一致，但两者都只是在一些时间段上表现出收敛，没有在全域时间段上表现出收敛，且收敛不够稳定，这也进一步说明区域间经济高质量发展水平的空间差异是存在的且没有发生明显变化。

第六章

06

区域金融创新与经济高质量发展协同分析

在区域发展的过程中，金融创新及经济高质量发展这两个系统密切联系但又相互独立，共同推动区域发展。本章将探究区域金融创新与经济高质量发展的协同机理，并对两个系统耦合度与耦合协同度进行测度与分析。

第一节　区域金融创新与经济高质量发展的协同机理

一、区域金融创新对经济高质量发展的作用机理分析

从本质上看，金融创新理论是现代金融理论基于中观角度的应用与发展，金融驱动经济高质量发展的作用是金融发展对经济发展的驱动作用在实践中的具体表现。本节根据学术界关于金融创新驱动经济高质量发展的理论研究，分析金融创新驱动经济高质量发展的作用机理。随着经济高质量发展，金融创新在金融机构、金融市场、金融产品以及金融治理等方面发挥着核心作用，在现

代市场经济发展中表现尤为突出（高连和，2008）。具体来说，金融创新通过以下四种机制来促进经济高质量发展。

（一）汇聚闲散储蓄，扩大资本积累规模促进经济高质量发展

资本的形成与积累对促进经济高质量发展影响重大，而资本积累在很大程度上取决于储蓄规模的扩大。金融创新能提高储蓄规模与资本积累规模的主要原因有以下三个：其一，将众多分散的储蓄主体手中的储蓄汇聚起来需要耗费大量成本（沈丽，2007），而金融机构、金融市场的发展以及金融制度的完善，利于降低交易成本，达到吸引大量社会闲散资金的目的；其二，金融产品的发展能够提供更多较为安全且收益稳定的金融产品，加快实物储蓄替代货币储蓄的速度，提高信贷资金可利用规模，达到扩大资本积累的规模；其三，金融市场的发展、完善有利于金融资产流动，极大地提高了金融市场主体监管流动性风险的能力，从而减少流动性资产的持有量，增加生产资本的积累。

（二）强化资本配置，提高资本效率促进经济高质量发展

除储蓄规模的影响外，资本的形成与积累还依赖储蓄转化投资的效率。简言之，在保持储蓄总量不变的前提下，资本的形成是由储蓄向投资转化的能力所决定，即资本形成的效率。随着现代经济社会的不断发展，金融机构、金融市场所拥有的强大媒介功能可实现资金由盈余部门向短缺部门融通或储蓄向投资转化，而储蓄向投资转化的能力大小则主要依赖于金融机构与金融市场的发育程度。在其他条件保持不变的情况下，金融创新越成熟，越有利于多元化储蓄—投资渠道的形成，通过利率价格杠杆与金融资产有机组合，高效调动与配置储蓄，吸引金融资本流入高收益的投资项目（封福育，2009）。另外，金融创新能够提高金融机构的创新能力与金融市场的交易效率，降低金融中介开展金融业务的交易成本，使资金价格维持在较低水平，实现刺激企业增加投资、投资主体竞相投资的局面，从而缩减储蓄向投资转化的周期。

（三）推动金融技术发展，提高要素生产率促进经济高质量发展

金融技术进步是提高生产率的主要动力，不论是金融产业结构与经济结构的升级优化，还是金融产品竞争力与经济高质量发展的提升，都与金融科技进步密不可分。推动金融技术进步，一方面与金融研发投入有关，另一方面与金融科技成果转化为生产率密切相关。喻平（2005）强调，资金短缺问题主要是

由金融研发投入不足、金融科技成果转化率低造成的，而金融技术的创新成果转化存在高风险性的特点直接导致了研发投入不足。在金融市场经济制度下，社会资本总是偏好低风险、高收益的领域，金融先进技术研发领域的收益水平较高，但同时风险极高。金融先进技术的研发可能带来的高损失和管理风险的高成本，这极大程度上限制了资金流入金融先进技术研发领域。金融治理体系的不断发展与完善，极大地推动了经济货币化、金融化的进程，同时也增加了金融研发领域的资金补给。更为重要的是，金融治理具备的风险管理功能能够有效分散金融科技领域的风险，这既利于为金融技术创新提供充足的资金保障，也利于推动金融技术创新成果的扩散和传播，从而加快金融科技转化为现实生产力的速度。

（四）提高金融市场效率，优化资源配置促进经济高质量发展

金融资本特别是货币资本是金融体系产生与发展的基础，同时也是短缺部门筹集资金的对象。换言之，金融资本的流动与配置是引导经济体系中各生产要素优化配置最基础的因素。而金融市场作为金融资本的配置场所，与商品、劳动力市场一样，都是经济运行的主要要素市场。金融体系成熟度越高，金融市场运作效率就越高，金融产品与金融服务的创新水平就越高，市场对于金融投资风险的鉴别与防范能力相应就越强（周仲飞，2018）。故在发育成熟且高效运作的金融市场中，金融资本将更为广泛地通过市场化的途径进行优化配置，交易成本不断降低，促使资金短缺部门不断优化融资结构，逐步提升对外部融资的依赖程度，提高金融资源配置效率，引导经济体系中其他各生产要素实现更为合理的配置，从而加速经济高质量发展的步伐。

二、区域经济高质量发展对金融创新作用机理分析

（一）经济高质量发展指明金融创新方向，激发金融创新需求

在高速增长的旧时代，通过超发货币、推升杠杆率的方式刺激经济以实现高速增长；新时代的经济高质量发展意味着货币总量增速将回归合理水平，进而步入金融去杠杆的阶段，更加专注于提高存量货币的使用效率来缓解资金紧张，这将迫使金融系统进行金融创新。此外，一个经济体的金融体系结构应该与实体经济的最优产业结构相匹配（林毅夫，2019）。在过去追求经济高速增长时，金融体系的定位是以为传统经济动员资金为主，这也直接造成了以银行

主导金融资源的间接融资占据绝对上风；间接融资偏好向有抵押物的重工业发放信贷资源，而高科技与轻资产企业获得的信贷资源相对有限，间接融资主导体系与经济转向高质量发展的矛盾日益凸显（李建忠，2018）。新经济往往通过直接融资获得资金支持，与直接融资更加契合；经济转向高质量发展阶段间接融资也会有调整，“两高一剩”行业以及僵尸企业新增信贷更加困难。可以说，经济高质量发展要求金融供给侧结构性改革，进一步与经济高质量发展匹配，不断完善金融创新以满足经济高质量发展的要求，经济高质量发展必将激发金融创新需求。

（二）经济高质量发展积累资金和技术，为金融创新提供支撑

区域经济高质量发展为金融创新提供了必要的资金支持，是金融创新的物质基础。资金是确保金融创新的源泉，若无经济高质量发展，金融创新投入与人力资本投资会随之下降，金融创新必需的资金将难以得到保证，金融创新速度将会大幅度减慢，金融创新逐步萎缩，严重制约金融创新。经济高质量发展幅度越大，能提供的支持资金越多，没有经济高质量发展，金融创新只能得到短暂的非持久的发展。区域经济高质量发展为金融创新提供技术支撑。近年来的金融创新，对先进科学技术的依赖性越来越高。而先进技术与地区经济高质量发展水平密切相关。经济高质量发展越快，技术创新速度越快，部分技术创新能直接或间接用于金融创新过程中，大数据、深度学习和人工智能等给金融创新提供新思路。可见，区域经济高质量发展是金融创新得以健康发展的前提和保障。

（三）经济高质量发展驱使制度创新，为金融创新提供良好的制度保障

区域经济高质量发展为金融创新提供了良好的制度环境保障。金融创新受政策制度、人才供给以及市场需求等因素的影响较大，任一环节出现问题，都将成为金融创新发展的风险源，因此必须敦促各级政府制定有利于金融创新的法律法作为保障，对金融机构等进行引导、规划、监管与激励，同时积极调整金融创新的信息不对称问题，不断完善与金融创新相关的法律法规，以维持金融创新的发展；此外，经济高质量发展能驱使制度创新，当制度因素成为经济高质量发展的阻碍时，就会引起制度变迁与制度创新，促使效率更高的制度陆续出现，为金融创新提供良好的制度保障。

第二节 耦合协同度模型的构建

一、耦合度评价模型的构建

耦合的概念最早在物理学中使用，是指两个或两个以上电路元件或电网络等的输入与输出之间存在紧密配合与相互影响，并通过相互作用从一侧向另一侧传输能量的现象。目前，耦合的概念已被广泛应用于生物学、经济学、管理学和社会学等领域的研究，用来表示两个及以上系统在发展过程中彼此相互影响、相互作用的过程。耦合度评价模型是对这两个及两个以上系统的相互作用和影响进行度量。这里借鉴容量耦合概念和容量耦合系数模型，针对多个系统相互作用下的耦合度模型可以表示为：

$$C=n[(u_1\times u_2\times u_3\times\cdots\times u_n)/\prod(u_1+u_2+u_3+\cdots+u_n)]^{\frac{1}{n}} \quad \text{式 (6-1)}$$

式（6-1）中，C 表示多个系统的耦合度，u_n 表示第 n 个系统的特征值函数，n 表示系统的数量。

金融创新和经济高质量发展互相促进，彼此发展，两个系统间存在着关联共生的耦合关系。为定量分析金融创新与经济高质量发展之间的耦合发展关系，基于式（6-1）构建两系统下耦合度模型为：

$$C_{it}=2\sqrt{F_{it}\times E_{it}}/(F_{it}+E_{it}) \quad \text{式 (6-2)}$$

式（6-2）中，C_{it} 表示第 i 个省市区单元或区域在第 t 年金融创新与经济高质量发展之间的耦合程度，F_{it} 表示第 i 个省市区单元或区域在第 t 年的金融创新综合指数，E_{it} 表示第 i 个省市区单元或区域在第 t 年的经济高质量发展综合指数。$C_{it}\in[0,1]$，C_{it} 值越大，表明金融创新与经济高质量发展之间的耦合状态越好，当 $C_{it}=1$ 时达到最佳状态；反之，C_{it} 值越小，表明金融创新与经济高质量发展之间的耦合状态越差；当 $C_{it}=0$ 时金融创新与经济高质量发展之间处于无关状态。

二、协同度评价模型的构建

尽管耦合度在一定程度上衡量了金融创新与经济高质量发展之间协同发展的状态，但仍存在缺陷，即无法真实体现二者水平的高低。当金融创新与经济高质量发展同时处于较低的水平时，耦合度却表现很高数值的伪协同状态。为了弥补耦合度模型的不合理性，需要对模型进行修正，进一步引入协同度评价模型来更好地反映金融创新与经济高质量发展真实相互作用的协同关系。

协同是多个系统彼此协作、相互促进所形成的良性互动发展状态。系统与系统之间或者系统内部各个要素之间的协同程度用协同度评价模型来测度，能够判定系统或各要素之间是否为真正协同。协同度评价模型是在耦合度模型基础上，引入能够反映金融创新与经济高质量发展整体水平的综合评价指数，克服了由于金融创新与经济高质量发展水平都偏低带来高耦合度的伪协同问题，能够更科学合理评判二者交互协同程度。总之，耦合度指双方相互作用的程度强弱，不分利弊；协同度是指相互作用中良性耦合程度的大小，体现了协调状况的好坏，可以表征各功能之间是在高水平上相互促进还是低水平上相互制约。参考王成和唐宁（2018）的做法，进一步构建协同度评价模型如下：

$$D_{it}=\sqrt{C_{it}\times T_{it}} \quad 式（6-3）$$

$$T_{it}=\alpha F_{it}+\beta E_{it} \quad 式（6-4）$$

式（6-3）、式（6-4）中，D_{it} 表示协同度，T_{it} 是反映金融创新与经济高质量发展整体水平的综合评价指数。αβ 为待定系数，且满足 $\alpha+\beta=1$，通常取 $\alpha=\beta=1/2$。就金融创新与经济高质量发展二者关系而言，当 $F_{it}>E_{it}$ 表示经济高质量发展水平滞后，当 $F_{it}>E_{it}$ 表示金融创新水平滞后。参考苏英（2019）的判定标准，金融创新与经济高质量发展协同水平判定标准分为以下七个等级，见表 6-1。

表 6-1　金融创新与经济高质量发展协同水平判定标准

协同度取值区间	协同水平
$0.9<D_{it}\leq 1$	优质协同
$0.8<D_{it}\leq 0.9$	良好协同
$0.6<D_{it}\leq 0.8$	中级协同

续表

协同度取值区间	协同水平
$0.5<D_{it}\leq 0.6$	初级协同
$0.4<D_{it}\leq 0.5$	轻度失调
$0.3<D_{it}\leq 0.4$	中度失调
$0<D_{it}\leq 0.3$	严重失调

第三节　耦合协同度测度与分析

一、耦合度与协同度测度

在前几章数据资料的基础上，运用所提出的耦合度和协同度评价模型，可计算出我国30个省市区金融创新和经济高质量发展的耦合度和协同度，见表6-2、表6-3。

表6-2　2008~2017年我国30个省市区金融创新和经济高质量发展的耦合度

地区	2008年	2009年	2010年	2011年	2012年	2013年	2014年	2015年	2016年	2017年
北京	0.9804	0.9778	0.9783	0.9749	0.9744	0.9789	0.9776	0.9891	0.9850	0.9953
天津	0.997	0.9980	0.9993	0.9997	0.9997	0.9999	0.9990	0.9992	0.9842	0.9960
河北	0.9595	0.9632	0.9569	0.9534	0.9540	0.9572	0.9662	0.9796	0.9734	0.9772
上海	0.9902	0.9858	0.9913	0.9917	0.9923	0.9974	0.9957	0.9943	0.9893	0.9908
江苏	0.9703	0.9593	0.9630	0.9695	0.9676	0.9663	0.9614	0.9617	0.9561	0.9659
浙江	0.9243	0.9185	0.9153	0.9214	0.9145	0.9163	0.9214	0.9337	0.9224	0.9290
福建	0.9547	0.9555	0.9460	0.9464	0.9391	0.9327	0.9307	0.9370	0.9289	0.9499
山东	0.9392	0.9338	0.9408	0.9545	0.9540	0.9548	0.9562	0.9633	0.9579	0.9763
广东	0.9540	0.9496	0.9492	0.9465	0.9543	0.9519	0.9485	0.9501	0.9437	0.9562
海南	0.9939	0.9921	0.9966	0.9908	0.9928	0.9946	0.9926	0.9964	0.9935	0.9966
山西	0.9936	0.9979	0.9979	0.9987	0.9998	0.9998	1.0000	0.9982	0.9987	0.9994

续表

地区	2008年	2009年	2010年	2011年	2012年	2013年	2014年	2015年	2016年	2017年
安徽	0.9890	0.9873	0.9857	0.9908	0.9917	0.9922	0.9938	0.9939	0.9882	0.9962
江西	0.9774	0.9823	0.9749	0.9876	0.9889	0.9975	0.9966	0.9960	0.9928	0.9983
湖南	0.9897	0.9876	0.9721	0.9743	0.9771	0.9817	0.9814	0.9848	0.9823	0.9926
湖北	0.9852	0.9801	0.9733	0.9735	0.9779	0.9693	0.9680	0.9705	0.9641	0.9740
河南	0.9677	0.9715	0.9591	0.9786	0.9800	0.9854	0.9854	0.9817	0.9715	0.9808
重庆	0.9978	0.9994	0.9999	0.9993	0.9988	0.9978	0.9966	0.9935	0.9892	0.9863
四川	0.9806	0.9837	0.9882	0.9925	0.9930	0.9968	0.9953	0.9945	0.9866	0.9875
贵州	0.9719	0.9735	0.9701	0.9846	0.9974	0.9922	0.9933	0.9949	0.9955	0.9981
云南	0.9943	0.9987	0.9996	0.9947	0.9976	0.9982	0.9962	0.9962	0.9907	0.9922
广西	0.9884	0.9903	0.9917	0.9825	0.9782	0.9783	0.9825	0.9844	0.9782	0.9730
陕西	0.9993	0.9983	0.9973	0.9954	0.9969	0.9986	0.9966	0.9974	0.9931	0.9966
甘肃	0.9996	0.9993	1.0000	0.9985	0.9975	0.9962	0.9952	0.9834	0.9433	0.9853
青海	0.9803	0.9726	0.9675	0.9603	0.9894	0.9941	0.9839	0.9905	0.9881	0.9907
宁夏	0.9808	0.9817	0.9810	0.9875	0.9979	0.9971	0.9999	0.9987	0.9927	0.9966
新疆	0.9965	0.9934	0.9944	0.9997	0.9963	0.9988	0.9979	0.9946	0.9949	0.9947
内蒙古	0.9798	0.9833	0.9896	0.9867	0.9821	0.9880	0.9872	0.9900	0.9936	0.9961
辽宁	0.9925	0.9959	0.9959	0.9969	0.9965	0.9996	0.9993	0.9803	0.9933	0.9995
吉林	0.9859	0.9824	0.9756	0.9646	0.9692	0.9685	0.9718	0.9802	0.9809	0.9859
黑龙江	0.9931	0.9907	0.9865	0.9768	0.9832	0.9934	0.9938	0.9974	0.9971	0.9993

从表6-2可以看出，金融创新和经济高质量发展的耦合度均在0.9以上，说明各地区的金融创新与经济高质量发展之间的耦合状态均很好，但这并不能说明两者是真正的协同，还需要进一步考察协同度。下面重点分析协同度。

表6-3 2008~2017年金融创新和经济高质量发展的协同度

地区	2008年	2009年	2010年	2011年	2012年	2013年	2014年	2015年	2016年	2017年
北京	0.7891	0.7853	0.7798	0.7668	0.7681	0.7707	0.7848	0.7718	0.7593	0.7869
天津	0.6917	0.6852	0.6684	0.6692	0.6711	0.6858	0.7063	0.6917	0.6640	0.6566
河北	0.4911	0.4932	0.4757	0.4696	0.4753	0.4808	0.4922	0.5054	0.4887	0.5005
上海	0.7550	0.7521	0.7499	0.7379	0.7350	0.7198	0.7395	0.7301	0.7208	0.7468

续表

地区	2008 年	2009 年	2010 年	2011 年	2012 年	2013 年	2014 年	2015 年	2016 年	2017 年
江苏	0.6597	0.6628	0.6560	0.6582	0.6553	0.6474	0.6486	0.6478	0.6313	0.6399
浙江	0.6366	0.6395	0.6214	0.6116	0.6121	0.6192	0.6328	0.6385	0.6247	0.6403
福建	0.5664	0.5740	0.5577	0.5553	0.5497	0.5496	0.5604	0.5673	0.5473	0.5597
山东	0.5562	0.5529	0.5443	0.5500	0.5481	0.5535	0.5562	0.5633	0.5572	0.5777
广东	0.6842	0.6875	0.6733	0.6618	0.6730	0.6830	0.6936	0.6970	0.6906	0.6994
海南	0.5826	0.5823	0.5790	0.5632	0.5567	0.5845	0.5731	0.5687	0.5459	0.5602
山西	0.4941	0.4949	0.4718	0.4672	0.4795	0.5005	0.4845	0.4927	0.4912	0.4857
安徽	0.5178	0.5240	0.5071	0.5173	0.5258	0.5467	0.5501	0.5603	0.5350	0.5582
江西	0.5559	0.5616	0.5379	0.5505	0.5488	0.5601	0.5619	0.5677	0.5573	0.5826
湖南	0.5154	0.5139	0.4864	0.4901	0.5070	0.5134	0.5201	0.5247	0.5127	0.5375
湖北	0.5310	0.5296	0.5109	0.5104	0.5283	0.5371	0.5486	0.5566	0.5500	0.5712
河南	0.4969	0.5064	0.4802	0.5007	0.5146	0.5328	0.5393	0.5369	0.5232	0.5487
重庆	0.4932	0.5058	0.5079	0.5286	0.5360	0.5403	0.5559	0.5540	0.5380	0.5473
四川	0.5141	0.5244	0.5173	0.5082	0.5228	0.5324	0.5281	0.5368	0.5185	0.5269
贵州	0.4750	0.4720	0.4553	0.4414	0.4459	0.4878	0.4979	0.4981	0.4844	0.4815
云南	0.4722	0.4886	0.4829	0.4704	0.4826	0.5026	0.4912	0.5013	0.4954	0.5044
广西	0.4842	0.4893	0.4736	0.4586	0.4597	0.4802	0.4929	0.5097	0.5051	0.5098
陕西	0.5305	0.5407	0.5254	0.5184	0.5233	0.5365	0.5326	0.5422	0.5319	0.5323
甘肃	0.5221	0.5261	0.5015	0.4769	0.4881	0.4875	0.4859	0.5055	0.5432	0.5070
青海	0.4645	0.4816	0.4798	0.4818	0.5170	0.4825	0.5070	0.4993	0.4901	0.4900
宁夏	0.4605	0.4673	0.4485	0.4276	0.4176	0.4383	0.4631	0.4768	0.4606	0.4760
新疆	0.4934	0.5091	0.5039	0.5018	0.5027	0.5163	0.5156	0.5189	0.5102	0.5160
内蒙古	0.5093	0.5071	0.4916	0.4842	0.4782	0.4690	0.4677	0.4719	0.4642	0.4760
辽宁	0.6173	0.6048	0.6045	0.6027	0.6014	0.5839	0.5655	0.5176	0.5264	0.5451
吉林	0.5433	0.5424	0.5275	0.5150	0.5189	0.5142	0.5149	0.5181	0.5077	0.5157
黑龙江	0.5596	0.5572	0.5367	0.5289	0.5442	0.5397	0.5357	0.5250	0.5071	0.5211

根据表 6-3 的数据，结合表 6-1 的判定标准，可以判定每年各地区金融创新与经济高质量发展协同水平。

二、协同度分析

（一）协同度时序过程分析

从金融创新和经济高质量发展协同水平的时间演化来看，2008~2017 年中国金融创新和经济高质量发展协同水平呈现比较稳定的态势，2008 年的金融创新和经济高质量发展协同度为 0.5554，2017 年的金融创新和经济高质量发展协同度为 0.5600，变动很小，见表 6-4。

表 6-4　2008~2017 年四大区域及全国金融创新和经济高质量发展协同水平

年份	东部地区	中部地区	西部地区	东北地区	全国
2008	0.6413	0.5185	0.4926	0.5734	0.5554
2009	0.6415	0.5217	0.5011	0.5681	0.5587
2010	0.6306	0.4991	0.4898	0.5562	0.5452
2011	0.6244	0.5060	0.4816	0.5489	0.5408
2012	0.6244	0.5173	0.4885	0.5548	0.5462
2013	0.6294	0.5318	0.4976	0.5459	0.5532
2014	0.6388	0.5341	0.5034	0.5387	0.5582
2015	0.6382	0.5398	0.5104	0.5202	0.5599
2016	0.623	0.5282	0.5038	0.5137	0.5494
2017	0.6368	0.5473	0.5061	0.5273	0.5600

就四大区域而言，2008~2017 年东部及东北地区金融创新和经济高质量发展协同水平呈下降的趋势，但东部地区下降幅度很小，东北地区稍大；中部及西部地区金融创新和经济高质量发展协同水平呈小幅上升的趋势，见图 6-1。2008~2017 年东部地区金融创新和经济高质量发展协同水平高于全国和其他三大区域，在四大区域排名中稳居第一；西部地区金融创新和经济高质量发展协同水平在四大区域中排名最后；2008~2014 年，东北地区金融创新和经济高质量发展协同水平高于中部地区，在四大区域排名第二，而中部地区排名第三；2015~2017 年，东北地区金融创新和经济高质量发展协同水平低于中部地区，在四大区域中排名第三，而中部地区排名第二。

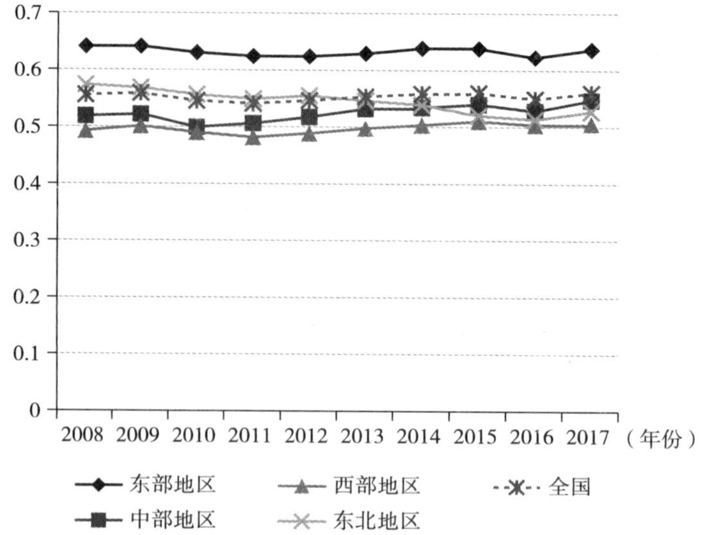

图 6-1　2008~2017 年四大区域及全国金融创新和经济高质量发展协同水平时间演变趋势

（二）协同度空间分布分析

根据 2008~2017 年各地区金融创新和经济高质量发展的协同度，计算出协同度的均值，见表 6-5。结合表 6-1 的判定标准，可以判定各地区金融创新与经济高质量发展协同水平情形。

表 6-5　2008~2017 年各地区金融创新和经济高质量发展的协同水平

地区	平均协同度	协同水平	地区	平均协同度	协同水平
北京	0.7763	中级协同	河南	0.518	初级协同
天津	0.6790	中级协同	重庆	0.5307	初级协同
河北	0.4873	轻度失调	四川	0.5230	初级协同
上海	0.7387	中级协同	贵州	0.4739	轻度失调
江苏	0.6507	中级协同	云南	0.4892	轻度失调
浙江	0.6277	中级协同	广西	0.4863	轻度失调
福建	0.5587	初级协同	陕西	0.5314	初级协同
山东	0.5559	初级协同	甘肃	0.5044	初级协同
广东	0.6843	中级协同	青海	0.4894	轻度失调
海南	0.5696	初级协同	宁夏	0.4536	轻度失调
山西	0.4862	轻度失调	新疆	0.5088	初级协同
安徽	0.5342	初级协同	内蒙古	0.4819	轻度失调

续表

地区	平均协同度	协同水平	地区	平均协同度	协同水平
江西	0.5584	初级协同	辽宁	0.5769	初级协同
湖南	0.5121	初级协同	吉林	0.5218	初级协同
湖北	0.5374	初级协同	黑龙江	0.5355	初级协同

2008~2017 年金融创新和经济高质量发展协同水平为中级协同的地区有 6 个，分别是北京、天津、上海、江苏、浙江和广东；轻度失调的地区有 8 个，分别是河北、山西、贵州、云南、广西、青海、宁夏和内蒙古；其他 16 个地区为初级协同。

从金融创新和经济高质量发展协同水平的空间格局来看，中国金融创新和经济高质量发展协同水平存在明显的地域差异性，高水平的金融创新和经济高质量发展协同集中于东部地区，金融创新和经济高质量发展协同水平较低的地区主要集中于中西部地区。

（三）协同度空间集聚分析

在明确金融创新和经济高质量发展协同空间差异的基础上，为甄别出内在的空间关联性，弄清楚其空间集聚状况，本书基于空间分析的特性不同，先对全局空间进行分析，又进一步对局部空间进行系统分析，以此来深度探究金融创新和经济高质量发展协同的空间关联水平。

利用 Stata 软件计算出中国金融创新和经济高质量发展协同的全局莫兰指数，结果如表 6-6 所示。2008~2017 年全局莫兰指数值均显著，且都通过 P 值小于 0.05 的显著性水平的 Z 统计检验，表明无论是发达地区还是欠发达地区的金融创新和经济高质量发展协同都存在着显著的全局空间集聚效应，属于金融创新和经济高质量发展协同度高的区域被高金融创新和经济高质量发展协同度的区域所包围的空间关系，或者金融创新和经济高质量发展协同度低的区域被低金融创新和经济高质量发展协同度的区域包围的空间关系。

表 6-6　2008~2017 年中国金融创新和经济高质量发展协同的全局 Moran's I 指数

年份	I	E（I）	sd（I）	z	p-value *	聚离状态
2008	0.391	-0.034	0.121	3.528	0.000	聚集
2009	0.390	-0.034	0.12	3.528	0.000	聚集
2010	0.378	-0.034	0.12	3.438	0.001	聚集

续表

年份	I	E（I）	sd（I）	z	p-value *	聚离状态
2011	0.389	-0.034	0.121	3.506	0.000	聚集
2012	0.353	-0.034	0.12	3.215	0.001	聚集
2013	0.384	-0.034	0.12	3.476	0.001	聚集
2014	0.410	-0.034	0.12	3.705	0.000	聚集
2015	0.439	-0.034	0.12	3.944	0.000	聚集
2016	0.354	-0.034	0.119	3.255	0.001	聚集
2017	0.393	-0.034	0.119	3.595	0.000	聚集

全局莫兰指数取值范围在 0.353~0.439，全局莫兰指数较大，说明空间自相关的特征在中国金融创新和经济高质量发展协同的格局中表现得越明显，其集聚程度越高，整体呈集聚格局，如图 6-2 所示。可以看出，这种空间集聚效应在研究时段内具有一定波动性。

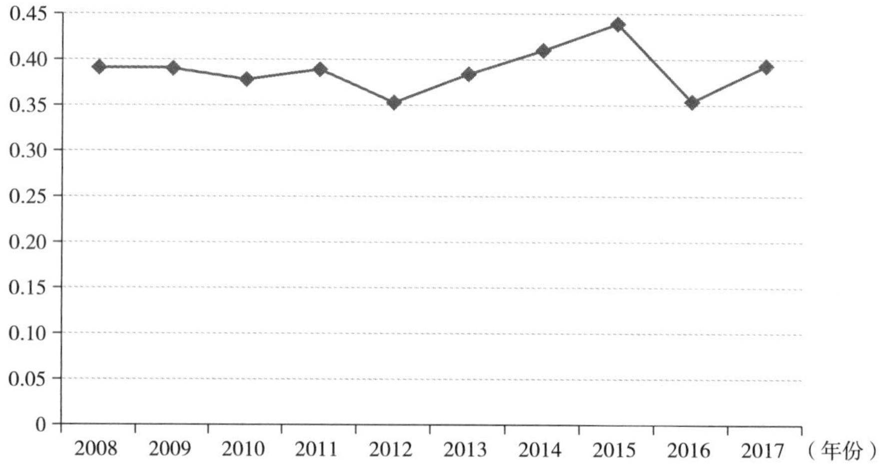

图 6-2　2008~2017 年金融创新和经济高质量发展协同的全局空间自相关趋势

全局莫兰指数仅能作为对总体数据进行量测的指标，可能忽略了局部之间固有的不平衡现象。因而，本书将运用局部莫兰指数（Local Moran's I）和 Moran 散点图来研究中国金融创新和经济高质量发展协同的局部自相关分析。Moran 散点图是经常被用来探究空间位置属性局部自相关的方法，利用（X，W_{ij}）数据坐标绘制 Moran 散点图，其中横轴表示金融创新和经济高质量发展协同度

X，纵轴表示金融创新和经济高质量发展协同度的空间滞后向量 W_{ij}。

局部 Moran 散点图可以用来识别地区与其相邻近地区的空间关系。其中第Ⅰ、第Ⅲ象限表示区域之间存在正的空间自相关关系，分别用 H-H、L-L 表示，也经常被表述为集聚区和孤岛区，即金融创新和经济高质量发展协同度值高（低）的区域被同是高（低）金融创新和经济高质量发展协同度的区域所包围的空间关系；第Ⅱ、第Ⅳ象限则表示区域之间存在负的空间自相关关系，分别用 L-H、H-L 表示，经常被表述为萧条区和空心区，即表示金融创新和经济高质量发展协同度低（高）值的区域被高（低）金融创新和经济高质量发展协同度的区域所包围的空间关系。

局部空间自相关分析用于探讨区域内各个地域单元的空间关联性。本书主要采用绘制金融创新和经济高质量发展协同度的 Moran 散点图的方法，对金融创新和经济高质量发展协同进行局部空间自相关分析。以五年作为一个发展周期，借助 Stata 软件输出 2008 年、2013 年、2017 年的金融创新和经济高质量发展协同度的 Moran 散点图，如图 6-3、图 6-4、图 6-5 所示，图中各省市区分别以编码 1~30 代替，1~30 分别为北京、天津、河北、上海、江苏、浙江、福建、山东、广东、海南、山西、安徽、江西、湖南、湖北、河南、重庆、四川、贵州、云南、广西、陕西、甘肃、青海、宁夏、新疆、内蒙古、辽宁、吉林和黑龙江。

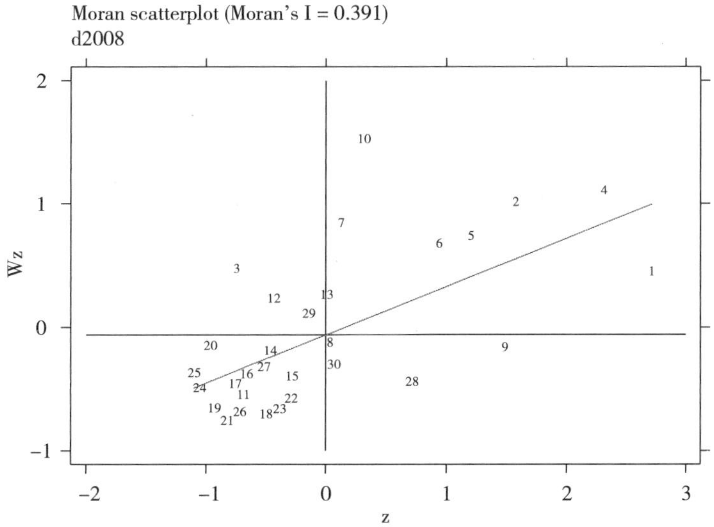

图 6-3　2008 年金融创新和经济高质量发展协同 Moran 散点图

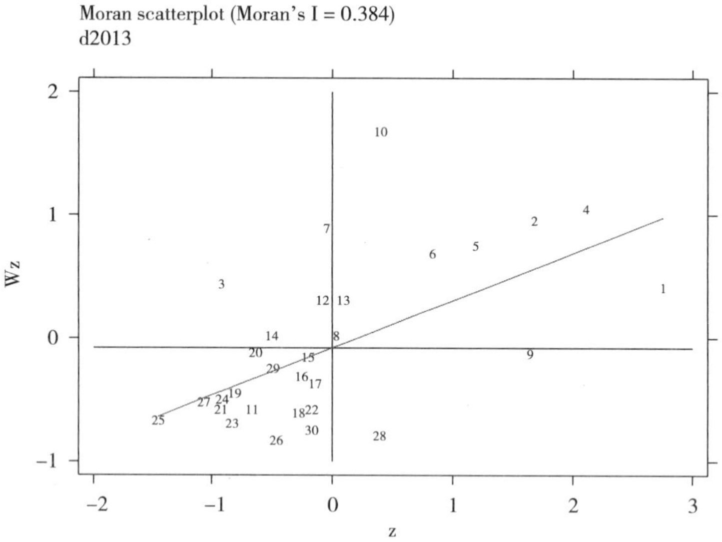

图 6-4　2013 年金融创新和经济高质量发展协同 Moran 散点图

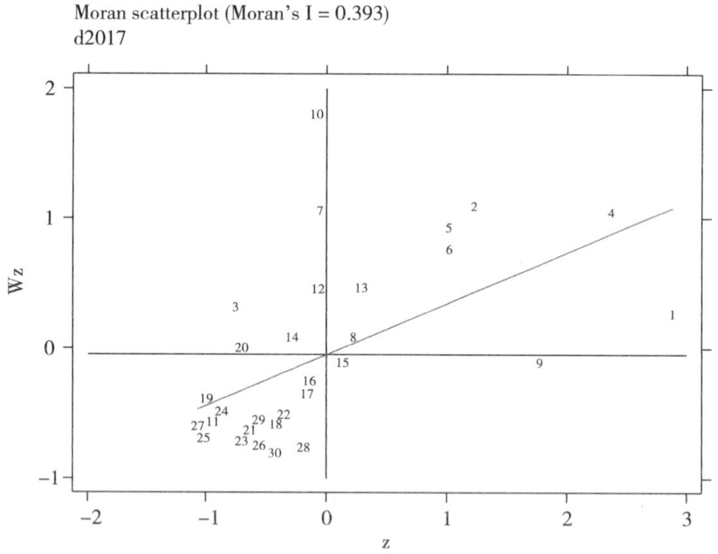

图 6-5　2017 年金融创新和经济高质量发展协同 Moran 散点图

从图 6-3、图 6-4、图 6-5 中可以得知，每年落在 Moran 散点图四个象限中的地区数稍有不同，但总的来看，落在第Ⅲ象限的点数最多，其次是第Ⅰ、第Ⅱ、第Ⅳ象限，演变情况见表6-7。2008年、2013年、2017年稳定在第Ⅰ象限的北京、上海、天津、江苏、浙江都属于东部经济发达地区，表现为正相关关系，是强金融创新和经济高质量发展协同集聚地区（H-H），即金融创新和经济高质量发展协同度高值的区域与同是高值的区域发生集聚。山西、河南、重庆、四川、贵州、广西、陕西、甘肃、青海、宁夏、新疆、内蒙古稳定在第Ⅲ象限，也表现为正相关关系，但是弱金融创新和经济高质量发展协同集聚地区（L-L），即金融创新和经济高质量发展协同度低值的区域与同是低值的区域发生集聚。河北、安徽稳定在第Ⅱ象限，为负空间自相关关系（L-H）。广东稳定在第Ⅳ象限，也为负空间自相关关系（H-L）。其他几个省份则在不同象限漂移；2008~2013年，山东从第Ⅳ象限（H-L）漂移到第Ⅰ象限（H-H），江西从第Ⅱ象限（L-H）漂移到第Ⅰ象限（H-H），福建从第Ⅰ象限（H-H）漂移到第Ⅱ象限（L-H），湖南从第Ⅲ象限（L-L）漂移到第Ⅱ象限（L-H），吉林从第Ⅱ象限（L-H）漂移到第Ⅲ象限（L-L），黑龙江从第Ⅳ象限（H-L）漂移到第Ⅲ象限（L-L）；2013~2017年，福建从第Ⅱ象限（L-H）漂移到第Ⅰ象限（H-H），海南从第Ⅰ象限（H-H）漂移到第Ⅱ象限（L-H），辽宁从第Ⅳ象限（H-L）漂移到第Ⅲ象限（L-L），湖北从第Ⅲ象限（L-L）漂移到第Ⅳ象限（H-L）。因此，可以认为中国金融创新和经济高质量发展协同在地理空间上存在着较明显的相互依赖性，一定程度上呈现较为明显的聚集特征。

表6-7　2008~2017年经济高质量发展演变情况

年份	H-H象限	L-L象限	L-H象限	H-L象限
2008	北京、上海、天津、江苏、浙江、福建、海南	山西、湖北、河南、重庆、四川、贵州、广西、陕西、甘肃、青海、宁夏、新疆、内蒙古、湖南、云南	河北、安徽、江西、吉林	广东、辽宁、黑龙江、山东
2013	北京、上海、天津、江苏、浙江、江西、山东、海南	山西、河南、重庆、四川、贵州、广西、陕西、甘肃、青海、宁夏、新疆、内蒙古、黑龙江、吉林、湖北、云南	河北、安徽、福建、湖南	广东、辽宁

续表

年份	H-H 象限	L-L 象限	L-H 象限	H-L 象限
2017	北京、上海、天津、江苏、浙江、江西、福建、山东	山西、河南、重庆、四川、贵州、广西、陕西、甘肃、青海、宁夏、新疆、内蒙古、黑龙江、吉林、辽宁	河北、安徽、湖南、海南、云南	广东、湖北

（四）金融创新和经济高质量发展协同的空间收敛性分析

前面我们已经发现金融创新和经济高质量发展协同存在着一定的空间差异，而这种空间差异在未来的发展中可能会呈现出两种趋势，即空间收敛或发散，合理识别出这种发展趋势，有助于正确研判金融创新和经济高质量发展协同的态势，从而做出科学决策。下面在金融创新和经济高质量发展协同水平空间差异的基础之上，通过运用相应的收敛性检验模型，对金融创新和经济高质量发展协同的空间收敛性做实证分析。

金融创新和经济高质量发展协同的 α 收敛是指不同地区的金融创新和经济高质量发展协同水平离散程度随着时间而降低，可以通过式（6-3）计算出历年金融创新和经济高质量发展协同度的标准差。

$$\alpha_t = \sqrt{(\ln D_{it} - \overline{\ln D_t})/n} \qquad \text{式（6-5）}$$

式（6-5）中，α_t 为 t 年的金融创新和经济高质量发展协同水平的 α 值，D_{it} 为 t 年 i 地区的 t 金融创新和经济高质量发展协同度数值，$\ln D_{it}$ 为 t 年 i 地区的金融创新和经济高质量发展协同综合指度数值的自然对数，$\overline{\ln D_t}$ 为 t 年区域的金融创新和经济高质量发展协同度自然对数的平均值，n 为区域的地区个数。

如果金融创新和经济高质量发展协同水平的 α 值逐年减少，可认为金融创新和经济高质量发展协同水平呈现 α 收敛，反之不收敛。为了探究当前中国金融创新和经济高质量发展协同度的收敛性，本书计算出了对应年份的金融创新和经济高质量发展协同度的区域空间差异。全国金融创新和经济高质量发展协同水平的 α 值 2008 年为 0.0617，2017 年为 0.0557，见表 6-8。全国金融创新和经济高质量发展协同水平差异程度在 2009~2011 年呈现不断扩大的状态，说明全国金融创新和经济高质量发展协同水平差异程度呈现不断扩大的状态；2011~2013 年和 2014~2016 年呈现出逐渐缩小的发展趋势，表现出了时期较长的收敛；其他年份金融创新和经济高质量发展协同水平差异程度变化不规律，没有表现出明显的收敛或发散情形。虽然总体呈现出逐渐缩小的发展趋势，但没有表现出明显的收敛或发散情形。

表 6-8　2008~2017 年金融创新和经济高质量发展协同度的 α 收敛检验

年份	东部地区	中部地区	西部地区	东北地区	全国
2008	0.0607	0.0174	0.0199	0.0237	0.0617
2009	0.0596	0.0173	0.0194	0.0201	0.0589
2010	0.0625	0.0192	0.0209	0.0263	0.0621
2011	0.0617	0.0218	0.0273	0.0298	0.0630
2012	0.0619	0.0181	0.0318	0.0267	0.0612
2013	0.0593	0.0163	0.0265	0.0228	0.0574
2014	0.0608	0.0213	0.0229	0.0167	0.0581
2015	0.0558	0.0210	0.0209	0.0028	0.0546
2016	0.0583	0.0185	0.0231	0.0075	0.0541
2017	0.0582	0.0255	0.0193	0.0104	0.0557

从中国四大区域的 α 收敛情况能够看出，各个地区的表现并不完全相同，见图 6-7。具体而言，东部地区金融创新和经济高质量发展协同水平差异程度变化不规律，没有表现出明显的收敛或发散情形。虽然总体呈现出逐渐缩小的发展趋势，但没有表现出明显的收敛或发散情形。中部地区金融创新和经济高质量发展协同水平差异程度 2009~2011 年呈现不断扩大的状态，说明中部地区金融创新和经济高质量发展协同水平差异程度呈现不断扩大的状态；2011~2013 年和 2014~2016 年呈现出逐渐缩小的发展趋势，表现出了时期较长的收敛；其他年份金融创新和经济高质量发展协同水平差异程度变化不规律，没有表现出明显的收敛或发散情形。西部地区金融创新和经济高质量发展协同水平差异程度 2009~2012 年呈现不断扩大的状态，说明西部地区金融创新和经济高质量发展协同水平差异程度呈现不断扩大的状态；2012~2015 年呈现出逐渐缩小的发展趋势，表现出了时期较长的收敛；其他年份金融创新和经济高质量发展协同水平差异程度变化不规律，没有表现出明显的收敛或发散情形。东北地区金融创新和经济高质量发展协同水平差异程度 2009~2011 年呈现不断扩大的状态，说明东北地区金融创新和经济高质量发展协同水平差异程度呈现不断扩大的状态；2011~2015 年呈现出逐渐缩小的发展趋势，表现出了时期较长的收敛；其他年份金融创新和经济高质量发展协同水平差异程度变化不规律，没有

表现出明显的收敛或发散情形。

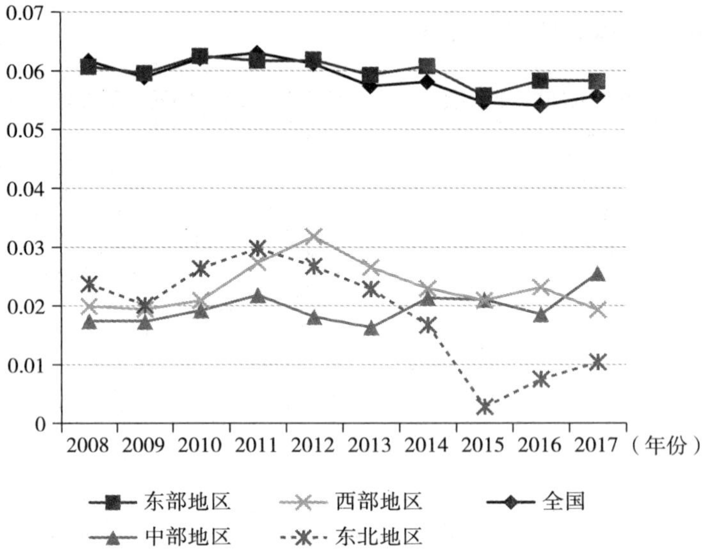

图 6-6　2008~2017 年金融创新和经济高质量发展协同度的 α 收敛变化趋势

上述分析表明，在一些时间段，全国以及东部、中部、西部、东北地区金融创新和经济高质量发展协同水平均存在一定的 α 收敛情况，下面进一步通过泰尔指数验证俱乐部收敛效应的存在与否。

$$T_t = (1/n)\sum(D_{it}/\overline{D_t})\log(D_{it}/\overline{D_t}) \qquad 式（6-6）$$

式（6-6）中，T_t 为 t 年的金融创新和经济高质量发展协同度的泰尔指数，D_{it} 为 t 年 i 地区的 t 金融创新和经济高质量发展协同度数值，$\overline{D_t}$ 为 t 年区域的金融创新和经济高质量发展协同度的平均值，n 为区域的地区个数。

表 6-9 中数值根据以上公式计算得出，图 6-7 根据相关数值绘制出俱乐部效应的折线趋势图。

表 6-9　2008~2017 年金融创新和经济高质量发展协同的俱乐部收敛检验

年份	东部地区	中部地区	西部地区	东北地区	全国
2008	0.0096	0.0008	0.0011	0.0015	0.0111
2009	0.0092	0.0008	0.0010	0.0011	0.0101
2010	0.0101	0.0010	0.0011	0.0019	0.0113

续表

年份	东部地区	中部地区	西部地区	东北地区	全国
2011	0.0098	0.0013	0.0020	0.0024	0.0114
2012	0.0099	0.0009	0.0026	0.0019	0.0107
2013	0.0090	0.0007	0.0018	0.0014	0.0094
2014	0.0096	0.0012	0.0014	0.0007	0.0098
2015	0.0081	0.0011	0.0012	0.0000	0.0087
2016	0.0089	0.0009	0.0014	0.0002	0.0085
2017	0.0090	0.0017	0.0010	0.0003	0.0091

从全国以及东部、中部、西部、东北地区金融创新和经济高质量发展协同度的泰尔指数来看，俱乐部收敛或发散的时间段与 α 收敛或发散的时间段分布情形大体一致。因此，我们认为，金融创新和经济高质量发展协同水平只在一些时间段上表现出收敛，没有在全域时间段上表现出收敛，且收敛不够稳定，这进一步说明区域间金融创新和经济高质量发展协同的空间差异是存在的，且没有发生明显变化。

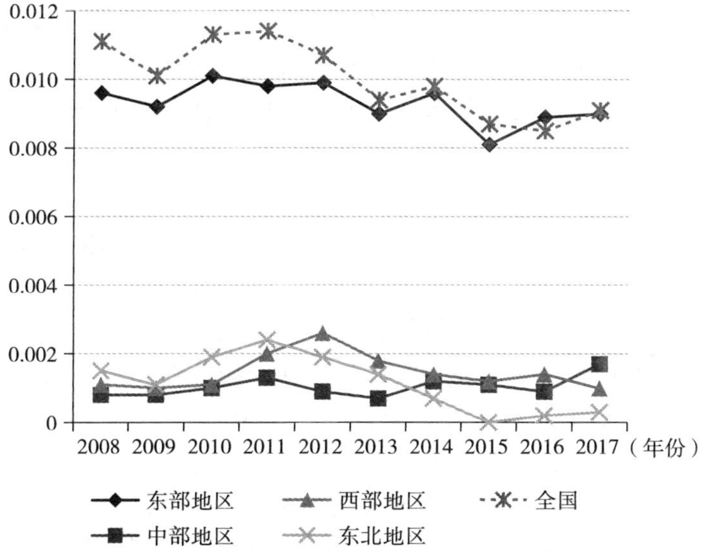

图 6-7 2008~2017 年金融创新和经济高质量发展协同的俱乐部收敛变化趋势

第四节　区域金融创新和经济高质量发展协同中存在的主要问题

在国家近些年的大力推动下，我国对区域金融创新和经济高质量发展的重视程度逐渐增强，金融创新水平有所提升，对区域经济发展的贡献程度日益加深。然而由于受到各区域经济发展差异和相关体制政策等诸多因素的影响，区域金融创新和经济高质量发展的协同水平并不理想。基于以上研究，发现目前我国区域金融创新和经济高质量发展的协同还存在一些问题，总体协同水平仍需提高，协同的外部政策环境仍需完善。

一、区域金融创新和经济高质量发展协同水平较低

根据省级层面金融创新和经济高质量发展协同水平分析结果，发现研究期各年各省市区域金融创新和经济高质量发展协同度全在 0.8 以下，处于优质协同和良好协同水平层次的省市区域一个都没有，中级协同的省市区域有 6 个，16 个省市区域为初级协同，特别要注意的是金融创新和经济高质量发展轻度失调的省市区域有 8 个。因此，从整体上看，我国区域金融创新和经济高质量发展协同水平偏低。

二、区域金融创新和经济高质量发展协同度提升速度慢

根据省级层面金融创新和经济高质量发展协同水平分析结果，发现研究期内协同度的变化幅度很小。2008~2017 年全国金融创新和经济高质量发展协同度的均值提升仅有 0.0006，从 2008 年的 0.5554 提升到 2017 年的 0.5600。而从各区域的协同程度来看，研究期内全国各区域的金融创新和经济高质量发展协同度也并未发生显著性差异。造成各区域金融创新和经济高质量发展协同程度提升缓慢的可能原因在于各区域的经济结构和资源的配置在研究期内并未发生显著性的改变。由此可见，促进区域金融创新和经济高质量发展协同度提升是一个漫长而且复杂的过程。

三、区域间金融创新和经济高质量发展协同差异较大

根据省级层面金融创新和经济高质量发展协同水平分析结果，发现高水平的金融创新和经济高质量发展协同多集中于东部地区，金融创新和经济高质量发展协同水平较低的地区主要集中于中西部地区。金融创新和经济高质量发展协同水平的空间差异一方面可能是我国区域经济非均衡开发战略的体现，另一方面也与各区域自身的地理位置、资源禀赋等因素有关。

改革开放之后由于我国采取区域经济非均衡发展的战略，使得区域间的经济结构和资源配置产生差异。资源配置强度较高的地区主要集中在区域经济较为发达的省市，大多数金融产业与高科技产业、金融人才与科技人才也聚集在这些地区。随着产业结构、经济结构和社会结构的逐渐稳定，金融创新和经济高质量发展的增量也日趋平稳，从而使得区域间金融创新和经济高质量发展协同度的差异并没有出现显著的改变。此外，区域间资源的流动性不足也阻碍了区域间金融创新和经济高质量发展协同程度的变动幅度。区域间金融创新和经济发展的差异越大，越不利于技术的扩散和人才的流动，科技投入和财力资源过度集中于发达地区，欠发达地区的金融和经济竞争力也就越弱，其金融创新和经济高质量发展协同越难以改变提升。

第五节 促进区域金融创新和经济高质量发展协同的政策建议

实现区域金融创新和经济高质量发展的优质协同，对建设创新型国家以及转变我国经济发展方式具有积极的现实意义。因此，提出如下政策建议：

一、因地制宜，促进区域金融创新和经济高质量发展的协同

目前，我国既面临金融创新全面深化改革的特殊任务，更处在经济增长速度换挡期、产业结构调整阵痛期与前期刺激性政策消化期“三期叠加”的阶

段。在制定促进区域金融创新和经济高质量发展协同的政策方案时，必须高度重视我国金融创新和经济高质量发展存在的区域差异，因地制宜，充分考虑东部、中部、西部、东北四大地区的不同特点。

（一）东部地区

东部地区金融创新和经济高质量发展协同水平相对较高，在长三角、珠三角、京津冀还存在比较明显的空间集聚现象，应进一步发挥其优势，要以上海为龙头，北京和深圳为两翼，通过加快长三角、珠三角、京津冀各自区域金融一体化助推经济高质量发展，将东部地区打造成金融创新和经济高质量发展的新高地，带动全国金融创新和经济高质量发展协同水平提升。东部地区是我国经济最发达的地区，金融机构云集，金融市场体系完善，金融创新能力与对外开放程度处于国内领先地位，长三角、珠三角、京津冀各自区域金融一体化将使区域金融资源重新整合，进一步优化配置，从而促进区域内的产业升级及经济一体化发展，这将把东部地区打造成金融创新和经济高质量发展的新高地成为可能。上海正在加快建设国际金融中心，其金融机构聚集程度及金融市场齐全程度在国内首屈一指，上海可在带动全国金融创新和经济高质量发展协同水平的提升过程中发挥重要的辐射作用；上海还可凭借自身的国际金融中心优势，引进国内其他区域乃至海外金融资源更好地服务全国；要以科创板为导向培育一批拥有自主知识产权和核心技术处于国际领先水平的实体企业集群，构建科技金融与科技创新共同体，实现经济高质量发展，也将助力上海国际金融中心的建设。北京是国家经济管理中心和国家金融管理中心，应该结合自身独特的政治中心优势，在治理创新上走在全国前列，以企业办事需求为导向，深入研究优化政务服务流程，对标国际规则和最佳实践，采取了更大力度的改革举措，着力解决营商环境的重点和难点问题；北京应该利用人才优势加快金融科技发展，大力推进中关村国家科技创新金融中心建设，努力打造国家级的金融科技示范区，加快北京全国金融中心建设，促进金融创新和经济高质量发展协同。深圳是建设中国特色社会主义先行示范区，应抢抓粤港澳大湾区建设重大机遇，在推进人民币国际化、开展数字货币研究、发展绿色金融等方面先行先试，持续深化金融改革开放，加快深圳全国金融中心建设，实现经济高质量发展。

（二）中部地区

中部地区金融创新和经济高质量发展协同水平基本与东北地区相当，落后于东部地区，仅比西部地区略高。应利用中部地区作为承东启西的区位条件，拥有粮食主产区和丰富的矿产资源，相对东部较低的劳动力价格，可以积极参与国际合作，扩大对外开放。要进一步完善区域政策，细化并落实《促进中部崛起规划》，提高粮食主产区、能源原材料生产基地、现代制造业和高新技术产业优势地区的竞争力。抓好产业配套建设，积极承接国内外的产业转移，促进产业结构升级。充分发挥当地的比较优势，以先进适用技术改造传统产业，发展现代产业体系，建立承接产业转移的示范基地。应将长江经济带建设为引领，促进该区域的金融创新和经济高质量发展协同。发挥长江经济带连接东、西部的优势，将长江中游城市群作为重要经济增长极，发挥其聚集产业和人口的作用，以带动中部地区的金融创新和经济高质量发展。

（三）西部地区

西部地区金融创新和经济高质量发展协同水平在四大区域中最低。应利用“西部大开发”和“一带一路”实施的契机，促进西部地区金融创新和经济高质量发展协同。各地既要考虑区域发展的共性因素，也要考虑各地的区域条件和区域优势的个性特征，有针对性地制定区域发展政策。西部地区虽然有丰富的自然资源，但是受其地形和气候的约束，多数地区处于生态脆弱地区，丰富的自然资源并没有形成经济社会发展的优势；在“西部大开发”实施中要加强生态补偿，建立绿色经济和绿色金融合作机制，让西部省市区既享受经济发展成果又获得良好生态环境。要结合各地区的比较优势实施差异化发展战略，完善产业空间布局，既发挥不同地区的综合优势，又实现整体服务“一带一路”的目的。以中蒙俄、新亚欧大陆桥、中国—中亚—西亚、中巴、孟中印缅、中国—中南半岛六大经济走廊为方向，加强国内相邻地区的城市群和沿线地区城镇发展重点区的建设，引导“一带一路”所涉国内区域人口合理布局，提高社会保障和公共服务水平，促进“一带一路”所涉国内区域金融创新和经济高质量发展。

（四）东北地区

东北地区和中部地区的金融创新和经济高质量发展协同水平基本相似，要抓住“振兴东北”战略实施的机遇，促进东北地区金融创新和经济高质量发展协同。东北地区国有企业比重大，要加快混合所有制改革；依托装备制造业整机制造能力强的优势，大力发展东北地区具有优势的大型铸锻件、核电设备、风电机组、盾构机械、先进船舶和海洋工程装备、大型农业机械、高速动车组、大功率机车、高档数控机床等市场急需产品及关键配套件；鼓励采购国产设备和推广应用首台（套）重大技术装备。依托国防军工企业汇集的优势，发展军民两用技术，增强军工企业的辐射带动作用。依托原材料加工基地的优势，努力发展下游特色轻工产业。依托农林产品商品量大、品质好以及畜牧养殖业发达的优势，大力发展农林畜产品精深加工业。依托北方中药材资源优势，发展现代中药产业。依托地处东北亚中心的地缘优势，加强与周边国家的能源和资源开发合作。积极发展航空航天、电子信息、生物医药、新能源、新材料等新兴产业。东北地区具有发展现代农业得天独厚的条件。要围绕提高土地产出率、资源利用率和劳动生产率，大力发展现代农业。加强东北地区农业对外合作，鼓励有条件的企业到周边国家和地区从事农业合作开发。要利用高新技术产业对传统产业进行升级改造。重视电子信息产业的迅猛发展，将传统的装备制造业用新型的电子设备升级改造，提高其竞争力。要继续推动汽车金融发展，拓宽汽车消费融资渠道；推进东北产权交易平台互联互通、区域整合和功能拓展；要进一步将大连商品交易所建设成亚洲重要期货交易中心，在做精做细现有上市期货品种的基础上，推出东北地区具有优势、符合大连商品交易所功能定位的期货品种，提高金融服务实体经济的能力。

二、充分发挥政府的主导作用

（一）加快建立部门间与区域间协调机制

加快建立金融管理部门与经济管理部门的协调机制，由中国人民银行总行（分行、支行）担任各级金融管理部门与经济管理部门的协调机制召集人，金融监管局、银保监会（局）、证监会（局），发展与改革委员会、财政部（厅、局）、外汇局等部门相关负责人为主要成员。制订协调机制议事规则，明确协调机制的组织架构、成员单位的职责分工、议事办法和程序、协调机制与其他单位的关系，以协调监管行为和政策，通过定期例会、专题会议和联络员会议以及专门工作小组的方式，实现协调机制的高效有序运转，增强监管工作合力，促进金融创新和经济高质量发展协同。

建立各层次的区域间协调机制，保障并管理区域间金融创新和经济高质量发展合作与互助事项。成立金融创新和经济高质量发展协调机制，对各省市制定区域发展战略、主体功能区规划、区域空间发展规划等进行协调。在地方政府层面建立跨区域金融创新和经济高质量发展协调机制，推动金融经济信息共享，协调好地区金融消费者权益保护工作和金融生态环境建设，加强金融监管协调，防范化解金融风险，促进金融改革创新，提升金融服务实体经济效率。

（二）要加强基础设施建设，特别是金融基础设施建设

基础设施是指为社会生产和居民生活提供公共服务的物质工程设施，是保证国家或地区社会经济活动正常进行的公共服务系统。基础设施包括交通、邮电、供水供电、园林绿化、环境保护、卫生事业等市政公用工程设施和公共生活服务设施等。它是一切企业、单位和居民生产经营工作和生活的共同的物质基础，是城市主体设施正常运行的保证，既是物质生产的重要条件也是劳动力再生产的重要条件。经过这些年的超常规发展，中国的基础设施面貌有了翻天覆地的变化，促进了全国经济社会的快速持续增长。然而，由于基础薄弱和历史欠账多，中国基础设施的某些瓶颈制约因素仍未消除。在新的形势下，基础设施建设模式必须从政府主导转向市场主导，鼓励社会资本通过特许经营、股权投资、PPP 模式（Public-Private Partnership）等方式，积极参与基础设施投资运营，既可以缓解政府债务，解决资金问题，也可以提高运营效率和收益。

与基础设施建设，我国的金融基础设施建设相对落后。金融基础设施是指金融运行的硬件设施和制度安排，主要包括支付体系、金融法律法规、会计制度、信息披露原则、社会信用环境、反洗钱以及投资者保护制度等。长期以来，我国一直重视金融基础设施的建设和发展，金融基础设施不断完善，为金融市场稳健高效运行提供了重要支撑。但与此同时，金融基础设施的有效供给依然存在短板，特别是人民币国际化程度不高等有待改善。伴随着支付宝、微信等第三方支付机构的出海，“一带一路”、亚投行、金砖银行等国家战略的全面深化，人民币支付版图将进一步扩展，2015 年 9 月 8 日启用的跨境人民币支付系统（Cross-border Interbank Payment System，CIPS）迈出了抵制美国主导的环球银行金融电信协会系统（Society for Worldwide Interbank Financial Telecommunications，SWIFT）之路，将加速人民币国际化进程。在人民币初步国际化的基础上，致力于提升人民币定值金融市场的广度、深度、弹性和包容性，逐步提升人民币在全球金融运行和发展中的定价能力和话语权，完善基于人民币的全球资源配置机制，为经济高质量发展提供有效的金融支持。作为国家金融体系的

重要组成，金融基础设施在连接金融机构、保障市场运行、服务实体经济、防范金融风险等方面发挥着至关重要的作用，其建设和发展水平直接关系到能否更好发挥金融功能、推动经济高质量发展。

（三）持续优化营商环境

近年来，优化营商环境成为我国推动全面深化改革的一场“攻坚战”。通过持续深化“放管服”改革、减税降费等支持措施，大力营造稳定、公平、透明、可预期的营商环境，我国营商环境取得了巨大成就。然而，当今世界正处于百年未有之大变局，金融创新与经济高质量发展对营商环境有更高的要求。优化营商环境应当坚持市场化、法治化、国际化原则，以市场主体需求为导向，以深刻转变政府职能为核心，创新体制机制、强化协同联动、完善法治保障，对标国际先进水平，为各类市场主体投资兴业营造稳定、公平、透明、可预期的良好环境。

首先，要加快建立统一开放、竞争有序的现代市场体系，依法促进各类生产要素自由流动，保障各类市场主体公平参与市场竞争。改革开放以来，各类商品市场获得了充分的发展，要素市场建设和改革也取得重要进展，资本、土地、劳动力市场从无到有，从小到大，市场配置要素资源的能力明显增强。但是，部门垄断和地区封锁在一定程度上仍然存在，已经阻碍到全国统一大市场的形成，恶化了市场竞争条件。在我国经济进入新常态的过程中，市场割裂和碎片化显然已经无法适应。另外，随着消费对经济增长的拉动作用越来越大，降低流通成本本身也有利于促进消费。要实行统一的市场监管，清理和废除妨碍全国统一市场和公平竞争的各种规定和做法，反对地方保护，反对垄断和不正当竞争。加快构建统一透明、有序规范的市场环境，为市场充分竞争创造良好条件，正在成为我国金融创新和经济高质量发展的客观要求。特别是，同商品市场相比，要素市场发育还不充分，存在市场决定要素配置范围有限、要素流动存在体制机制障碍、要素价格传导机制不畅等问题。这影响了市场对资源配置决定性作用的发挥，成为高标准市场体系建设的一个突出短板。完善要素市场化配置是解决我国经济结构性矛盾、推动高质量发展的根本途径。要素配置的扭曲具有很强的传导性和扩散性，由此造成一系列经济结构性矛盾和问题。加快要素市场化改革是深化供给侧结构性改革、解决制约全局深层次矛盾的重要突破口，对于转变发展方式、优化经济结构、转换增长动力具有重要意义。

其次，优化营商环境要持续加强法治建设。法治既是市场经济的内在要求，也是其良性运行的根本保障。法治是最好的营商环境，因为法治能依法平等保护各类市场主体产权和合法权益，而产权制度是社会主义市场经济的基石，保护产权就是保护生产力。要健全以公平为核心原则的产权保护制度，加强对各种所有制经济组织和自然人财产权的保护，顺应社会主要矛盾的变化和全面深化改革开放的要求，加快市场经济领域有关法律法规立改废释，使社会经济关系调节更加有法可依。法治能规范政府和市场的边界，尊重市场经济规律，在法治框架内调整各类市场主体的利益关系。要大力推行“负面清单”制度。受传统计划经济的影响，我国过去往往按照“正面清单”的理念来管理市场，准入文件繁多、审批程序烦琐，企业为了上项目“说破嘴”“跑断腿”的事屡见不鲜。特别是在创新涌动的今天，“正面清单”更是难以穷尽，新动能常因“不鼓励、不禁止”的模糊监管而出现各种问题。解决问题的关键，就是要处理好政府和市场的关系，厘清“有形之手”与“无形之手”的边界。“负面清单”有效压缩了政府在市场准入中的决定权，地方政府和相关部门无法随意对准入进行限制。参照负面清单，市场主体可以一目了然地知道什么不能做、什么需要审批、什么可以自主决定，预期更明晰更稳定，创业创新创造空间更大。从“正面清单”思维下的“能做什么”，到“负面清单”模式下的“不能做什么”，政府和市场边界法定，实现了政府管理模式的一次根本性变革，国家治理体系和治理能力现代化建设迈出了重要一步。总之，只要持续加强法治建设，不断促进社会公平正义，就能打造最好的营商环境。

最后，要打造国际化的营商环境。营商环境国际化是指按照世界贸易组织（World Trade Organization，WTO）和自由贸易协定（Free Trade Agreement，FTA）的要求打造营商环境。而不是简单地仅根据自己原有的营商环境基础进行自我改革。当前全球经济虽已进入复苏阶段，但受经济增长的深层次矛盾影响，经济复苏的稳定性仍较脆弱，国际竞争日趋激烈，贸易保护主义有所抬头，中国在多个国际场合一再强调坚定支持国际多边体制，反对贸易保护主义，并赢得了国际社会的普遍响应与支持。在此环境下，中国有必要身体力行，坚定地走开放型经济发展道路，全力打造公平法制国际化的营商环境，此举不仅有利于加快我国经济自身的发展活力，保持经济健康稳定发展，同时也将有利于我国在国际竞争中获得主动，更有利于我国在国际事务中发挥更大作用，进一步扩大我国在国际上的影响力。营商环境国际化还可以倒逼开放，因为没有壁垒了，内外资融合在一起可以更健康地发展。同时营商环境国际化一定会带来知识产权保护和人才环境的交流，使得创新驱动发展更好。营商环境国际化会带动我们产业结构调整完善，产业链布局更合理，效率更高，整个经济就能够持续保持中高速增长和中高端产品的发展。最终营商环境国际化会推动我国进一步开放，融入国际社会。

总之，持续优化营商环境，就可以不断解放和发展社会生产力，加快建设现代化经济体系，为中国金融创新和经济高质量发展提供不竭动力。

第七章

07

主要结论、局限性与研究展望

第一节　主要结论

本书探究金融创新和经济高质量发展的理论内涵，构建系统的评价指标体系，基于2008~2017年金融创新和经济高质量发展的相关数据，对全国30个省市区金融创新、经济高质量发展及两者协同水平进行实证测度，系统研究了我国金融创新与经济高质量发展区域差异，以及两者之间协同的理论机制与协同水平等相关科学问题，得到以下几点主要研究结论：

全国金融创新水平2008~2017年呈现出较小幅度的波动并缓慢上升，2008年全国金融创新综合指数为0.2747，2017年为0.2842，数值较小，说明需要提升金融创新水平，更好地服务实体经济。从空间格局来看，北京、上海金融创新水平处于高水平层次，天津、广东、江苏、辽宁、海南金融创新水平处于较高水平层次，浙江、重庆、黑龙江、安徽、贵州、陕西、江西、新疆、甘肃、青海金融创新水平处于中水平层次，河北、广西、内蒙古、河南、湖南、吉林、云南、福建、山东、湖北、宁夏、山西、四川金融创新水平处于低水平层次。

全国经济高质量发展水平2008~2017年最高值为2009年的0.3741，最低值为2011年的0.3529，2008~2017年最高值和最低值相差0.0213，呈现出较小幅度的波动，但数值不够大，说明推进经济高质量发展任务艰巨且意义重大。从空间格局来看，经济高质量发展水平存在“东部地区领先，中部和东北地区居中，西部地区落后”的明显空间分布。经济高质量发展处于高水平层次的地区有北京、广东、上海、浙江，处于较高水平层次的地区主要包括江苏、天津、福建，处于中水平层次的地区主要包括山东、辽宁、湖北、海南、江西、吉林、河南、安徽、黑龙江、湖南、四川、河北、陕西、重庆，处于低水平层次的地区主要包括广西、内蒙古、云南、新疆、山西、甘肃、青海、贵州、宁夏。

中国金融创新和经济高质量发展协同水平，从时间演化来看，2008~2017年变动很小，呈现比较稳定的态势。从空间格局来看，金融创新和经济高质量发展协同水平为中级协同的地区有6个，分别是北京、天津、上海、江苏、浙江和广东；轻度失调的地区有8个，分别是河北、山西、贵州、云南、广西、青海、宁夏和内蒙古；其他16个地区为初级协同，存在明显的空间差异性，高水平的金融创新和经济高质量发展协同多集中于东部地区，金融创新和经济高质量发展协同水平较低的地区主要集中于中西部地区。并且存在区域金融创新和经济高质量发展协同水平较低、提升速度慢、区域间差异较大的问题。因此，要因地制宜，促进区域金融创新和经济高质量发展的协同，充分发挥政府的主导作用。

第二节　局限性与研究展望

尽管本书对区域金融创新与经济高质量发展协同的相关内容做了较全面的深入研究，但由于研究内容复杂性、相关数据可得性、作者有限知识储备和时间等方面的限制，还存在一些局限性，未来还可以围绕以下几方面进一步展开研究：

第一，调整完善区域金融创新水平与经济高质量发展水平评价指标体系。评价区域金融创新水平与经济高质量发展水平所涉及内容较为庞杂，本书所选取的指标未能涵盖所有方面，分类也有不尽合理的地方，因此评价结果还不够科学准确，这需要在今后的研究中继续补充和调整各类指标数据，进一步完善评价指标体系，提高指标体系反映区域金融创新水平与经济高质量发展的客观程度。

第二，延长研究时期。受所选取指标的可获得性和连续性的限制，本书进行较为准确的定量分析所选取的时期较短，尚不能反映相对较长时期的区域金融创新、经济高质量发展及两者协同的时空演变规律。这需要在今后的研究中延长研究时期，以增强对中国区域金融创新、经济高质量发展及两者协同时空演变规律的科学认识。

第三，研究深度有待进一步挖掘。本书研究选取的空间研究范围仅限于我国的省级单位和四大区域，通过利用省级尺度数据研究所获得的区域金融创新、经济高质量发展及两者协同的时空演变规律并不适合地市级或县级层次。未来还可以深入地市级或县级层次进行研究，将可更加深入准确地探究金融创新、经济高质量发展及两者协同的时空演变规律。此外，虽然本书对区域金融创新、经济高质量发展的子系统进行了测度，但没有对各子系统间的关系进行探究，这也可以纳入后续的研究中。

参考文献

［1］ Akhavein J. , Frame W. S. , White L. J. The Diffusion of Financial Innovations: An Examination of the Adoption of Small Business Credit Scoring by Large Banking Organizations ［J］. Journal of Business, 2005, 78 (2): 577-596.

［2］ Alderson M . J. , Fraser D. R. Financial Innovations and Excesses Revisited: The Case of Auction Rate Preferred Stock ［J］. Financial Management, 1993, 22 (2): 61-75.

［3］ Allen F. , Gale D. Arbitrage, Short Sales, and Financial Innovation ［J］. Econometrica, 1991, 59 (4): 1041-1068.

［4］ Ang J. B. , Kumar S. Financial Development and Barriers to the Cross-border Diffusion of Financial Innovation ［J］. Journal of Banking & Finance, 2014 (39): 43-56.

［5］ Arrau P. , De Gregorio J. , Reinhart C. , Wickham P. The Demand for Money in Developing Countries: Assessing the Role of Financial Innovation ［J］. Journal of Development Economics, 1991, 46 (21): 317-340.

［6］ Arrau P, Degregorio J. Financial Innovation and Money Demand-application to Chile and Mexico ［J］. Review of Economics and Statistics, 1993, 75 (3): 524-530.

［7］ Baghestani H. Financial Innovation, Deposit Deregulation, and the US M1-GNP Link ［J］. Applied Economics, 1990, 22 (11): 1525-1535.

［8］ Bara A. Diffusion and Adoption of Bank Financial Innovation in Zimbabwe: An External Factor Analysis ［J］. African Journal of Science Technology Innovation & Development, 2016, 8 (4): 357-368.

［9］ Barro R. J. Convergence ［J］. Journal of Political Economy, 1992, 100 (2): 223-251.

［10］ Beck T. , Chen T. , Lin C. , et al. Financial Innovation: The Bright and the Dark Sides [C]. New York: China International Conference in Finance, 2012.

[11] Ben-Horim M., Silber W. L. Financial Innovation [J]. Journal of Banking & Finance, 1977, 1 (2/3): 277-296.

[12] Bennett R. L. Financial Innovation and Structural Change in the Early Stages of Industrialization: Mexico, 1945-1959 [J]. The Journal of Finance, 1963, 18 (4): 666-683.

[13] Berger A. N., Mester L. J. Explaining the Dramatic Changes in Performance of US Banks: Technological Change, Deregulation, and Dynamic Changes in Competition [J]. Journal of Financial Intermediation, 2003, 12 (1): 57-95.

[14] Bettzüge M. O., Hens T. An Evolutionary Approach to Financial Innovation [J]. Review of Economic Studies, 2001, 68 (3): 493-522.

[15] Betz F. Managing Technology in Financial Innovation [A]//Kocaoglu D. F., Anderson T. R., Daim T. U., Kozanoglu D. C., Niwa K., Perman G. Portland International Conference on Management of Engineering and Technology [C]. New York: IEEE, 2016: 2987-2999.

[16] Bhattacharyya S., Nanda V. Client Discretion, Switching Costs, and Financial Innovation [J]. Review of Financial Studies, 2000, 13 (4): 1101-1127.

[17] Blake D. Financial Intermediation and Financial Innovation in a Characteristics Framework [J]. Scottish Journal of Political Economy, 1996, 43 (1): 16-31.

[18] Bodurtha Jr. J. N., Courtadon G. R. Efficiency Tests of the Foreign Currency Options Market [J]. The Journal of Finance, 1986, 41 (1): 151-162.

[19] Boyd J., Smith B. The Coevolution of the Real and Financial Sectors in the Growth Process [J]. World Bank Economic Review, 1996, 10 (2): 371-396.

[20] Brummer C., Yadav Y. Fintech and the Innovation Trilemma [J]. Georgetown Law Journal, 2019, 107 (2): 235-307.

[21] Carter M. Financial Innovation and Financial Fragility [J]. Journal of Economic Issues, 1989, 23 (3): 779-793.

[22] Chava S., Oettl A., Subramanian A., et al. Banking Deregulation and Innovation [J]. Journal of Financial Economics, 2013, 109 (3): 759-774.

[23] Clarke C., Tooker L. Social Finance Meets Financial Innovation: Contemporary Experiments in Payments, Money and Debt [J]. Theory Culture & Society, 2018, 35 (3): 3-11.

[24] Degregorio J. Welfare Cost of Inflation, Seigniorage, and financial innovation [J]. International Monetary Fund Staff Papers, 1991, 38 (4): 675-704.

[25] Feng M., Guo H .X. Research on the Evaluation of High-Quality Economic Development Based on Factor Analysis [J]. Journal of Scientific & Industrial Research, 2019, 78 (12): 827-830.

[26] Finnerty J. D. Financial Engineering in Corporate Finance: An Overview [J]. Financial Management, 1988, 17 (4): 14-33.

[27] Ford J. L., Peng W. S., Mullineux A . W. Financial Innovation and Divisia Monetary Aggregates [J]. Oxford Bulletin of Economics and Statistics, 1992, 54 (1): 87-102.

[28] Freedman C. Financial Innovation in Canada: Causes and Consequences. [J]. American Economic Review, 1983, 73 (2): 101-106.

[29] Fujiki H., Tanaka M. Currency Demand, New Technology, and the Adoption of Electronic Money: Micro Evidence from Japan [J]. Economics Letters, 2014, 125 (1): 5-8.

[30] Funk R. J., Hirschman D. Derivatives and Deregulation: Financial Innovation and the Demise of Glass-Steagall [J]. Administrative Science Quarterly, 2014, 59 (4): 669-704.

[31] Fusaro M. A. The Rank, Stock, Order and Epidemic Effects of Technology Adoption: An Empirical Study of Bounce Protection Programs [J]. Journal of Technology Transfer, 2009, 34 (1): 24-42.

[32] Galor O. Convergence? Inferences from Theoretical Models [J]. Economic Journal, 1996, 106 (437): 1056-1069.

[33] Gerardi K. S., Rosen H. S., Willen P. S. The Impact of Deregulation and Financial Innovation on Consumers: The Case of the Mortgage Market [J]. Journal of Finance, 2010, 65 (1): 333-360.

[34] Greenbaum S. I. , Haywood C. F. Secular Change in the Financial Services Industry [J]. Journal of Money, Credit and Banking, 1971 (3) 2: 571-589.

[35] Guidotti P. E. Currency Substitution and Financial Innovation [J]. Journal of Money Credit and Banking, 1993, 25 (1): 109-124.

[36] Hannan T. H., McDowell J . M. Market Concentration and the Diffusion of New Technology in the Banking Industry [J]. The Review of Economics and Statis-

tics, 1984, 66 (4): 686-91.

[37] Hicks J. R. , Nienans A. J. Suggestion for Simplifying the Theory of Money [J]. Economica, 1983 (2): 1-19.

[38] Hoelle M. Transaction Costs and Planner Intervention [J]. Economic Theory, 2012, 50 (3): 603-634.

[39] Holland Robert C. Speculation on Future Innovation: Implications for Monetary Control [A]. William Silber. Financiallnnovation [C]. Lexington: D. H. Health, 1975: 161.

[40] Immergluck D. Core of the Crisis: Deregulation, the Global Savings Glut, and Financial Innovation in the Subprime Debacle [J]. City & Community, 2009, 8 (3): 341-345.

[41] Instefjord N. Financial Innovation and Delegation of Control [J]. Economic Journal, 1998, 108 (451): 1707-1732.

[42] Jagtiani J. , Saunders A. , Udell G. The Effect of Bank Capital Requirements on Bank off-balance Sheet Financial Innovations [J]. Journal of Banking & Finance, 1995, 19 (3-4): 647-658.

[43] Jaziri R. , Miralam M. Modelling the Crowd Funding Technology Adoption among Novice Entrepreneure: An Extended Tam Model [J]. Entrepreneurship and Sustainability Issues, 2019, 6 (4): 2159-2179.

[44] Kane E. J. Accelerating Inflation, Technological Innovation, and the Decreasing Effectiveness of Banking Regulation [J]. The Journal of Finance, 1981, 36 (2): 355-367.

[45] Kane E. J. Technological and Regulatory Forces in the Developing Fusion of Financial-Services Competition [J]. The Journal of Finance, 1984, 39 (3): 759-772.

[46] Kauffman R. J. , Liu J. , Ma D. Innovations in Financial IS and Technology Ecosystems: High-frequency Trading in the Equity Market [J]. Technological Forecasting and Social Change, 2015 (99): 339-354.

[47] Kavesh R. A. , Garbade K. D. , Silber W. L. Technology, Communication and the Performance of Financial Markets: 1840-1975 [J]. The Journal of Finance, 1978, 33 (3): 819-832.

[48] Kerola E. In Search of Fluctuations: Another Look at China's Incredibly Sta-

ble GDP Growth Rates [J]. Comparative Economic Studies, 2019, 61 (3): 359-380.

[49] Kim M., Maksimovic V. Technology, Debt and the Exploitation of Growth Options [J]. Journal of Banking & Finance, 1990, 14 (6): 1113-1131.

[50] Li C. Y. Empirical Study on the Utility Analysis Model for E-Financial Innovation Diffusion [M]. Los Alamitos: Ieee Computer Soc, 2009: 71-74.

[51] Liberatore M. J., Breem D. Adoption and Implementation Technology of Digital-Imaging in the Banking and Insurance Industries [J]. Ieee Transactions On Engineering Management, 1997, 44 (4): 367-377.

[52] Lucas R. E. J. On the Mechanics of Economic Development [J]. Journal of Monetaty Economics, 1988 (22): 3-42.

[53] Marszk A., Lechman E., Kaur H. Financial Markets Diffusion Patterns. The Case of Mexican Investment Funds [J]. Equilibrium-Quarterly Journal of Economics and Economic Policy, 2017, 12 (1): 83-100.

[54] Marszk A., Lechman E. Tracing Financial Innovation Diffusion and Substitution Trajectories, Recent Evidence on Exchange-traded Funds in Japan and South Korea [J]. Technological Forecasting and Social Change, 2018, 133 (1): 51-71.

[55] Mayer T. Financial Innovation—The Conflict between Micro and Macro Optimality [J]. American Economic Review, 1982, 72 (2): 29-34.

[56] Milbourne R., Moore H. A. Some Statistical Evidence on the Effects of Financial Innovation [J]. Review of Economics and Statistics, 1986, 68 (3): 521-525.

[57] Miller M. H. Financial Innovation: The Last Twenty Years and the Next [J]. Journal of Financial and Quantitative Analysis, 1986, 21 (4): 459-471.

[58] Min S., Fei C., Ieee. Research of Mobile Banking Service in China - A Cross Rode of Communication Technology and Financial Innovation [M]. New York: Ieee, 2009: 789-793.

[59] Molyneux P., Shamroukh N. Diffusion of Financial Innovations: The Case of Junk Bonds and Note Issuance Facilities [J]. Journal of Money, Credit and Banking, 1996, 28 (3): 502-522.

[60] Muthinja M. M., Chipeta C. What Drives Financial Innovations in Kenya's Commercial Banks? An Empirical Study on Firm and Macro-Level Drivers of Branchless Banking [J]. Journal of African Business, 2018, 19 (3): 385-408.

[61] Nagayasu J. Financial Innovation and Regional Money [J]. Applied Economics, 2012, 44 (35): 4617-4629.

[62] Niehans J. Financial Innovation , Multinational Banking, and Monetary Policy [J]. Journal of Banking & Finance, 1983, 7 (4): 537-551.

[63] Pierce J. L. Did Financial Innovation Hurt the Great Monetarist Experiment? [J]. American Economic Review, 1984, 74 (2): 392-396.

[64] Porter R. D. , Simpson T. D. , Mauskopf E. Financial Innovation and the Monetary Aggregates [J]. Brookings Papers on Economic Activity, 1979 (1): 213-229.

[65] Pradhan B. K. , Subramanian A. On the Stability of Demand for Money in a Developing Economy-Some Empirical Issues [J]. Journal of Development Economics, 2003, 72 (1): 335-351.

[66] Redmond W. Financial Innovation, Diffusion, and Instability [J]. Journal of Economic Issues, 2013, 47 (2): 525-531.

[67] Romer Paul M. Increasing Return and Long-Run Growth [J]. Journal of Political Economy, 1986, (22): 3-22.

[68] Ross S. A. Institutional Markets, Financial Marketing, and Financial Innovation [J]. Journal of Finance, 1989, 44 (3): 541-556.

[69] Silber W. L. The Process of Financial Innovation [J]. American Economic Review, 1983, 73 (2): 89-95.

[70] Simpson T. D, Porter R. D. Some Issues Involving the Definiton and Interpretation of the Monetanry Aggregates [R]. Federal Reserve Bank of Boston, 1980 (5): 342-357.

[71] Spencer P. Financial Innovation and Divisia Monetary Aggregates [J]. Oxford Bulletin of Economics and Statistics, 1998, 60 (2): 257-259.

[72] Strausz R. A Theory of Crowdfunding: A Mechanism Design Approach with Demand Uncertainty and Moral Hazard [J]. American Economic Review, 2017. 107 (6): 1430-1476.

[73] Thakor A. V. Information Technology and Financial Services Consolidation [J]. Journal of Banking & Finance, 1999, 23 (2): 697-700.

[74] Tufano. Financial Innovationc Handbook of the Economic (of Finance) [M]. Amsterdaln: Elservier North Holland, 2002: 1-26.

[75] Van Horne J. C. Of Financial Innovations and Excesses [J]. The Journal of Finance, 1985, 40 (3): 620-631.

[76] Weng Q. Q., Xu H., Ji Y. J. Growing a Green Economy in China [A]// International Conference on Energy Engineering and Environmental Protection [C]. Bristol: Iop Publishing Ltd, 2018.

[77] Wonglimpiyarat J. FinTech Banking Industry: A Systemic Approach [J]. Foresight, 2017, 19 (6): 590-603.

[78] Zavolokina L., Dolata M., Schwabe G. The FinTech Phenomenon: Antecedents of Financial Innovation Perceived by the Popular Press [J]. Financial Innovation, 2016, 2 (1): 16.

[79] Zhang L. Y., Li Y. J., Ma J. L. Research on the Promotion of Information Technology on Financial Innovation [M]. Harbin: Harbin Institute Technology Publishers, 1997: 576-580.

[80] 蔡之兵. 如何实现高质量区域协调发展新格局 [J]. 江苏教育, 2018 (8): 22-24.

[81] 曹东勃, 秦茗. 金融创新与技术创新的耦合——兼论金融危机的深层根源 [J]. 财经科学, 2009 (1): 8-14.

[82] 陈冲, 吴炜聪. 消费结构升级与经济高质量发展: 驱动机理与实证检验 [J]. 上海经济研究, 2019 (6): 59-71.

[83] 陈岱孙, 厉以宁. 国际金融学说史 [M]. 北京: 中国金融出版社, 1991: 691.

[84] 陈德铭. 经济高质量发展的国际环境和战略机遇 [J]. 南京大学学报 (哲学·人文科学·社会科学), 2018, 55 (4): 5-9+157.

[85] 陈喜强, 邓丽. 政府主导区域一体化战略带动了经济高质量发展吗? ——基于产业结构优化视角的考察 [J]. 江西财经大学学报, 2019 (1): 43-54.

[86] 陈晓雪, 时大红. 我国 30 个省市社会经济高质量发展的综合评价及差异性研究 [J]. 济南大学学报 (社会科学版), 2019, 29 (4): 100-113+159-160.

[87] 陈喆. 金融科技助力实体经济高质量发展 [J]. 人民论坛, 2019 (32): 96-97.

[88] 陈志武. 互联网金融到底有多新 [J]. 新金融, 2014 (4): 103-118.

［89］大卫·李嘉图．大卫·李嘉图全集（第3卷）［M］．北京：商务印书馆，2014.

［90］邓宏兵．以绿色发展理念推进长江经济带高质量发展［J］．区域经济评论，2018（6）：4-7.

［91］邓小平．邓小平文选［M］．北京：人民出版社，1994.

［92］杜耀康．浅谈我国商业银行金融改革创新的动因与形式［J］．中山大学学报论丛，2001（4）：183-187.

［93］封福育．我国储蓄投资转化效率及其区域差异分析［J］．江西财经大学学报，2009（4）：9-12.

［94］冯毅．我国商业银行金融创新动因分析［J］．经济体制改革，2011（2）：134-137.

［95］付文飙，鲍曙光．经济高质量发展与财政金融支持政策研究新进展［J］．学习与探索，2018（7）：118-125.

［96］高连和．区域金融和谐发展研究［M］．北京：中国经济出版社，2008.

［97］何宏庆．科技金融驱动经济高质量发展：现实困境与路径选择［J］．广西社会科学，2018（12）：90-95.

［98］何宏庆．数字金融：经济高质量发展的重要驱动［J］．西安财经学院学报，2019，32（2）：45-51.

［99］何静．我国银行业金融创新的不足与原因［J］．深圳大学学报（人文社会科学版），2003（3）：52-56.

［100］何兴强，何杨平．金融创新与广州创新型城市建设研究［M］．北京：科学出版社，2007.

［101］侯宏伟，宋永强，郭春贤．金融创新的动因及银行家在其中的作用［J］．金融理论与实践，1999（3）：3-5.

［102］侯丽华，强海洋，陈丽新．新时代矿业绿色发展与高质量发展思路研究［J］．中国国土资源经济，2018，31（8）：4-10.

［103］黄南．探索城市高质量发展新路径［J］．群众，2018（7）：10.

［104］黄庆华，时培豪，刘晗．区域经济高质量发展测度研究：重庆例证［J］．重庆社会科学，2019（9）：82-92.

［105］黄玮强，庄新田，姚爽．基于持续期模型的网络金融创新产品扩散研究［J］．东北大学学报（自然科学版），2008（8）：1200-1203.

［106］黄益平．以金融创新支持经济高质量发展［J］．新金融评论，2019（4）：1-33.

［107］黄永明，姜泽林．金融结构、产业集聚与经济高质量发展［J］．科学学研究，2019，37（10）：1775-1785.

［108］姜涛．住房金融创新的动因及发展策略［J］．统计与决策，2004（9）：88-89.

［109］金乐琴．高质量绿色发展的新理念与实现路径——兼论改革开放 40 年绿色发展历程［J］．河北经贸大学学报，2018，39（6）：22-30.

［110］景维民，王瑶，莫龙炯．教育人力资本结构、技术转型升级与地区经济高质量发展［J］．宏观质量研究，2019，7（4）：18-32.

［111］赖声裕智．四川省城市人力资源产业的综合评价研究——基于主成分分析和聚类分析［J］．武汉职业技术学院学报，2017，16（5）：65-70.

［112］兰斯·E. 戴维斯，道格拉斯·C. 诺思．制度变革与美国经济增长［M］．张志华，译．上海：格致出版社，2019.

［113］李春燕，俞乔．网络金融创新产品的市场扩散——针对银行卡产品的实证研究［J］．金融研究，2006（3）：85-93.

［114］李继尊．关于互联网金融的思考［J］．管理世界，2015（7）：1-7+16.

［115］李建忠．金融服务经济高质量发展的途径［N］．金融时报，2018-05-14.

［116］李洁琼．推动经济高质量发展要拒绝“套路”［J］．国企管理，2018（7）：18.

［117］李金昌，史龙梅，徐蔼婷．高质量发展评价指标体系探讨［J］．统计研究，2019，36（1）：4-14.

［118］李娜娜，杨仁发．FDI 能否促进中国经济高质量发展？［J］．统计与信息论坛，2019，34（9）：35-43.

［119］李香菊，杜伟，王雄飞．环境税制与绿色发展：基于技术进步视角的考察［J］．当代经济科学．2017，39（4）：117-123+128.

［120］李勇刚．土地资源错配阻碍了经济高质量发展吗？——基于中国 35 个大中城市的实证研究［J］．南京社会科学，2019（10）：35-42.

［121］李昱，李莹．信息技术与金融创新［J］．现代情报，2006（8）：224-225.

［122］梁大鹏，吴隽，齐中英．金融创新产品的扩散研究［J］．数量经济技

术经济研究，2004（1）：122-129.

［123］林毅夫．金融创新如何推动高质量发展：新结构经济学的视角［J］．新金融评论，2019（4）：34-45.

［124］刘青．试论我国的金融创新［J］．中国城市金融，1994（9）：15-16.

［125］刘思明，张世瑾，朱惠东．国家创新驱动力测度及其经济高质量发展效应研究［J］．数量经济技术经济研究，2019，36（4）：3-23.

［126］卢进勇，李思静，张航．实施扩大进口战略推动中国经济高质量发展［J］．亚太经济，2019（5）：113-119.

［127］鲁邦克，邢茂源，杨青龙．中国经济高质量发展水平的测度与时空差异分析［J］．统计与决策，2019，35（21）：113-117.

［128］马明龙．以高水平开放推动江苏高质量发展［J］．群众，2018（9）：22-23.

［129］马茹，罗晖，王宏伟，等．中国区域经济高质量发展评价指标体系及测度研究［J］．中国软科学，2019（7）：60-67.

［130］钱国荣．风险防范需要金融创新［N］．中国证券报，1997-6-14.

［131］邵传林，张丽．创新驱动视域下绿色金融发展的动因、困局与实现路径［J］．重庆工商大学学报（社会科学版），2019，36（3）：1-12.

［132］沈丽．区域金融发展与区域经济增长的理论与实证研究［J］．生产力研究，2007（8）：33-35.

［133］生柳荣．当代金融创新［M］．北京：中国发展出版社，2000：64.

［134］师博，张冰瑶．全国地级以上城市经济高质量发展测度与分析［J］．社会科学研究，2019（3）：19-27.

［135］石宝雅．以绿色发展为引领，推动广东经济高质量发展［J］．广东经济，2018（6）4-7.

［136］石丹．金融创新系统［M］．北京：中国财政经济出版社，2008.

［137］史丹，等．中国经济高质量发展——基于产业的视角［M］．北京：经济管理出版社，2019.

［138］苏英．我国科技创新与科技金融时序耦合协同的实证研究［J］．燕山大学学报（哲学社会科学版），2019，20（3）：59-67.

［139］孙国茂．金融创新的本质、特征与路径选择——基于资本市场的视角［J］．理论学刊，2013（6）：35-42+127.

［140］田惠敏．绿色金融助力经济高质量发展［J］．中国科技论坛，2018

(4)：2-3.

［141］田原，陈炜．金融创新系统结构模型及实证研究［J］．技术经济与管理研究，2015（4）：82-88.

［142］汪宗顺，郑军，汪发元．产业结构、金融规模与经济高质量发展——基于长江经济带11省市的实证［J］．统计与决策，2019，35（19）：121-124.

［143］王成，唐宁．重庆市乡村三生空间功能耦合协调的时空特征与格局演化［J］．地理研究，2018，37（6）：1100-1114.

［144］王聪聪，党超，徐峰，钟立新，杜炜．互联网金融背景下的金融创新和财富管理研究［J］．管理世界，2018，34（12）：168-170.

［145］王海成，崔士贤，吴冲锋．金融创新的动因、过程及其借鉴［J］．上海金融，1998（8）：3-5.

［146］王海蕴．供需结构更趋协调平衡抓好"五个推动"促产业高质量发展［J］．财经界，2018（9）：11-14.

［147］王仁祥，姚耀军．金融创新动因新探［J］．上海经济研究，1999（11）：3-5.

［148］王仁祥，喻平．论金融创新的扩散机理［J］．经济评论，2002（1）：84-86.

［149］王仁祥，喻平．我国与西方金融创新动因之比较［J］．武汉理工大学学报（社会科学版），2003（3）：254-258.

［150］王彤．中国区域经济高质量发展研究报告（2018）［M］．北京：经济管理出版社，2019.

［151］王一鸣．深化改革 推动经济高质量发展［J］．理论视野，2018（11）：9-13.

［152］魏杰，汪浩．高质量发展的六大特质［N］．北京日报，2018-07-23.

［153］魏敏，李书昊．新时代中国经济高质量发展水平的测度研究［J］．数量经济技术经济研究，2018，35（11）：3-20.

［154］魏蓉蓉．金融资源配置对经济高质量发展的作用机理及空间溢出效应研究［J］．西南民族大学学报（人文社科版），2019，40（7）：116-123.

［155］吴士炜，余文涛．环境税费、政府补贴与经济高质量发展——基于空间杜宾模型的实证研究［J］．宏观质量研究，2018，6（4）：18-31.

［156］吴晓灵．以普惠金融促进社会和谐［N］．人民日报，2017-07-19（7）.

[157] 习近平．共倡开放包容，共促和平发展［N］．人民日报，2016-10-23（2）．

[158] 习近平．决胜全面建成小康社会夺取新时代中国特色社会主义伟大胜利——在中国共产党第十九次全国代表大会上的报告［R］．2017-10-18.

[159] 肖雯雯，王莉莉．区块链技术对科技金融创新的作用机理与对策研究［J］．科学管理研究，2017，35（6）：102-105.

[160] 谢志忠．农村金融理论与实践［M］．北京：北京大学出版社，2011.

[161] 徐盈之，童皓月．金融包容性、资本效率与经济高质量发展［J］．宏观质量研究，2019，7（2）：114-130.

[162] 许文彬，赵霖，李志文．金融监管与金融创新的共同演化分析——一个基于非线性动力学的金融监管分析框架［J］．经济研究，2019，54（5）：81-97.

[163] 亚当·斯密．国民财富的性质和原因的研究［M］．郭大力，王亚南，译．北京：商务印书馆，1975.

[164] 杨丹辉．以更高水平开放推动更高质量发展［J］．国家治理，2018（27）：3-10.

[165] 姚良．商业银行金融产品创新风险传染与免疫研究［D］．武汉理工大学博士学位论文，2010.

[166] 姚铮，朱强．金融创新的技术共同体分析［J］．科学学研究，2002（4）：445-448.

[167] 叶永刚．金融工具概论［M］．武汉：武汉大学出版社，2000.

[168] 于敏．关于技术推进金融创新相关问题的研究［J］．科技进步与对策，2001（12）：159-161.

[169] 余泳泽，胡山．中国经济高质量发展的现实困境与基本路径：文献综述［J］．宏观质量研究，2018，6（4）：1-17.

[170] 喻平，李敏．金融创新能力的评价研究［J］．当代经济管理，2007，29（3）：99-102.

[171] 喻平．金融创新与经济增长［M］．北京：中国金融出版社，2005.

[172] 岳蓓，彭宇文．人力资本对区域经济增长的影响研究——以湖南省为例［J］．西安财经学报，2012，25（2）：119-124.

[173] 曾学文，刘永强，满明俊，沈启浪．中国绿色金融发展程度的测度

分析［J］. 中国延安干部学院学报，2014（6）：112-121.

［174］张波．金融创新理论研究的新进展评析［J］. 南开经济研究，2002（1）：69-72.

［175］张萍，吴宏．我国吸纳金融创新的时滞效应及其制度因素分析［J］. 财经论丛，2007（5）：48-54.

［176］张雨．开放型经济转型发展的国际经验及其借鉴［J］. 国际贸易 2016（4）：38-44.

［177］张育军，李金柱．近十年来我国金融创新及其深化准则［J］. 中央财政金融学院学报，1988（1）：30-32.

［178］赵昌文．金融技术［M］. 北京，经济科学出版社，2001.

［179］赵丽霞，阿拉腾额古乐．科技创新能力对经济高质量发展影响路径量化研究［J］. 科学管理研究，2019，37（4）：103-107.

［180］赵玉龙．金融发展、资本配置效率与经济高质量发展——基于我国城市数据的实证研究［J］. 金融理论与实践，2019（9）：17-25.

［181］郑国英．中国商业银行金融产品创新演化研究［D］. 浙江大学博士学位论文，2009.

［182］郑沈芳．金融市场［M］. 上海：上海交通大学出版社，2000.

［183］周兵，胡振兴．结构性去杠杆与经济高质量发展——基于金融或非金融企业的 GMM 模型分析［J］. 财会通讯，2019（27）：102-106.

［184］周雷，刘睿，金吉鸿．综合金融服务体系服务实体经济高质量发展研究——以苏州市小微企业数字征信实验区为例［J］. 征信，2019，37（12）：26-30.

［185］周林，何旗．浅谈西方国家的金融创新［J］. 金融研究，1985（12）：42-43.

［186］周仲飞，李敬伟．金融科技背景下金融监管范式的转变［J］. 法学研究，2018（4）：17-21.

［187］朱婧，张静，付云鹏．“绿色经济”视域下黑龙江省碳排放量空间计量分析［J］. 科技通报，2016（11）：6-12.

［188］朱国平，谢赤．金融创新的产生动因、社会价值与发展前景［J］. 湖南大学学报（社会科学版），1998（4）：3-5.